ニュー・タウン

伊藤 存

JN280339

はじめに

この本は、ページめくりという本が持つ性質と、
少しずつ出来ていく刺繍の性質を交配させることで完成しました。
具体的には黄色い布に描かれた「森」と、うす茶色の布に描かれた
「土のしかけ」が出来ていく様子。そして、それらの制作中に
生まれた、関係性の産物のページ。大きく分けて、
これらの3つの要素で構成されています。

はじめに「森」。この作品はとても大きいのですが、
点在する小さな部分から始まります。イメージとしては
小さな町が点在している感じです。そして、その点在する
町どうしがつながり、広がることで出来たわりに、
それは都市ではなく、なぜか「森」という作品です。

次に、「森」の間にときおり顔を覗かせるのが、「土のしかけ」です。
この作品は、時計回り、反時計回り2方向に進んで、
ぶつかることを繰り返して出来ました。

位置関係的には「森」が、視野のま正面にあるとすれば
「土のしかけ」は、足元の地面に位置するものです。
そして、この2つの刺繍の完成にいたるまでの途中が、
進行のベースになります。

さて、刺繍というのは、縫われたもののみで
出来上がっているものです。しかし、一度縫われたのに
消えたもの、さらには制作中に頭をかすめたのみで
縫われなかったものもあります。
それらが、とるにたらない些末なことであるかというと、
そうでもないんです。関係性の産物のページはこれらの、
かすめたり、消えたりしたものが落ち着く場として用意しました。
「ニュー・タウン」とはそれらが同居する場所です。

という具合で、あまり説明しすぎるとダメだよ、
という幻聴も聞こえ始めましたので、ここらで
この本についての、説明を終わります。

あとは、この本を手にしたみなさまが、3つの要素を
三角食べするように楽しんでいただけると、作り手として
これ以上の幸せはありません。

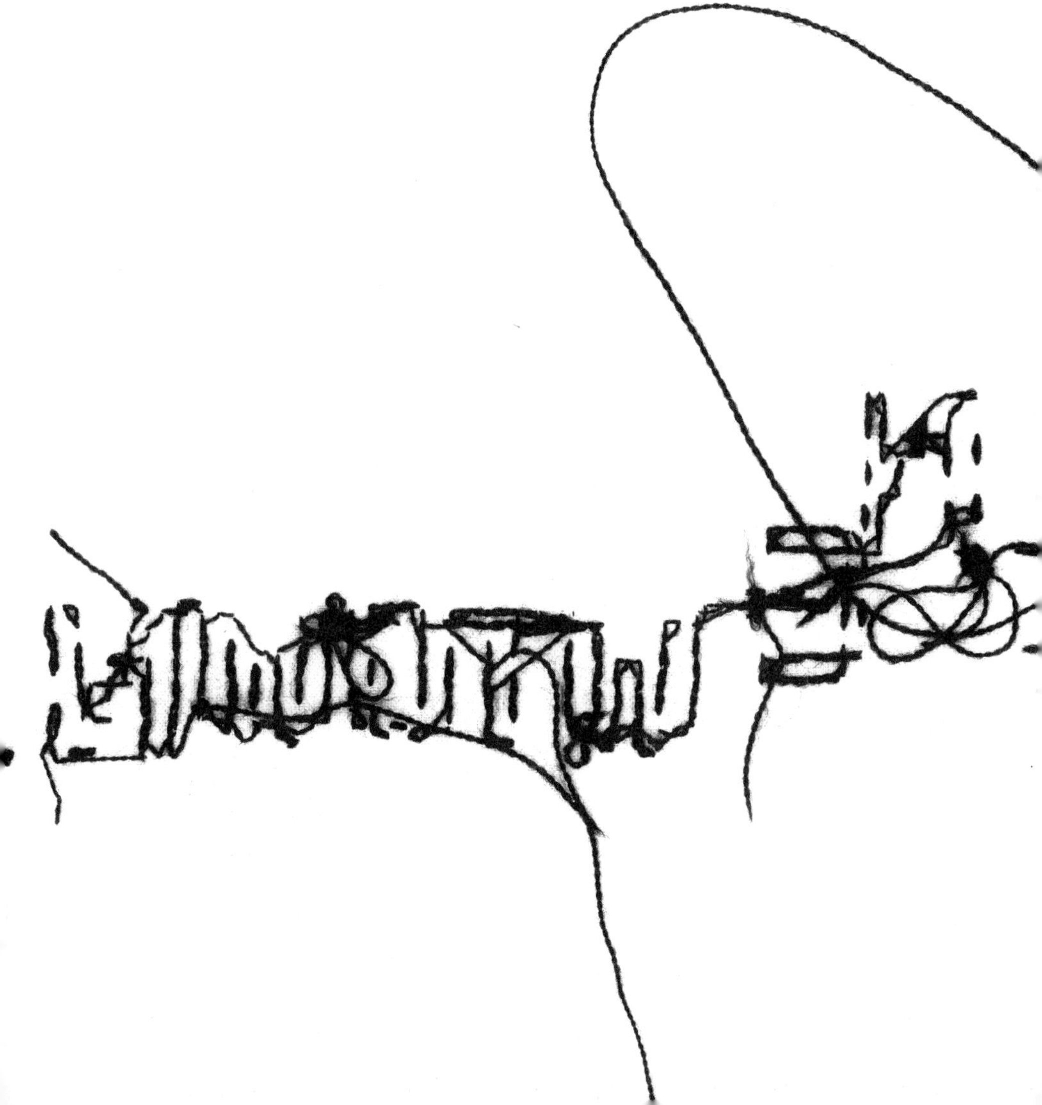

刺繍のこと

本編に入る前に、刺繍の道具、作業などについて少し説明しておきたいとおもいます。

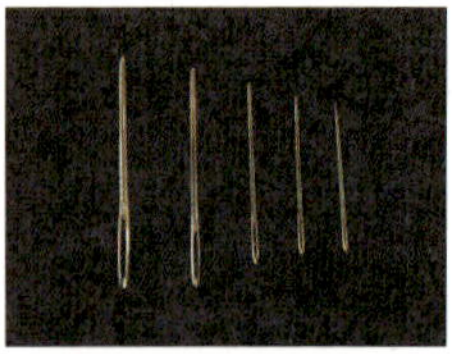

【作業について】

刺繍の作業はゆっくりとしたものです。例えば、1ピッチ1cmが1.5秒かかるとして10cmの線を引くのに15秒かかります。鉛筆などの描画材と比べてみましてもその速度の差は明らかです。このようなペースに加え推敲する時間や気分、体調も関係してくることになり、少なく見積もっても10cmにつき20秒かかるといっても大袈裟ではないでしょう。

さらに、この小決断の集合ともいえる刺繍の作業にも縫い損じが起こることがあります。縫い損じた時の対処としては、下地の布と同じ色を絵具で作り糸の上にのせていく、もしくは下地の端切れを縫い損じた箇所に充てがい、縫い付けて隠す。などの方法が一般的ですが、これではまだ修正箇所が目立ち過ぎてかえって主張があるくらいです。ここは思い切って糸を抜いてしまうほうが、完璧とはいえないまでも、ほとんど画面に影響が出ないものになります。また、残された穴の数々は小さな風穴となり、うら面の未知なる空気をおもて面に通す役割も果たしてくれます。

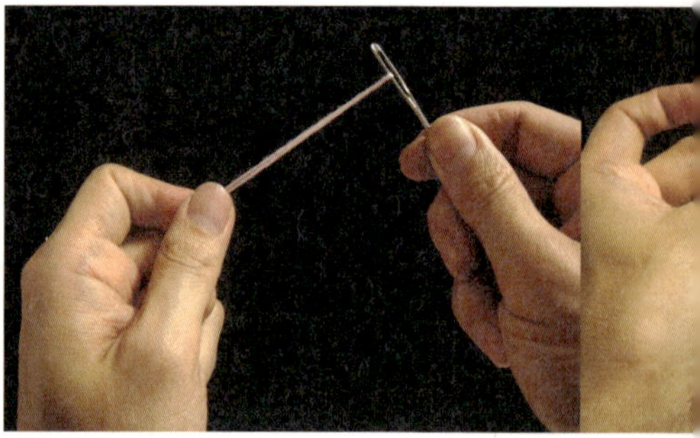

1

【道具について】

糸──主に毛糸、刺繍糸を使用して画面に作業の軌跡を残していきます。手芸店で手に入れたものや、セーターやマフラーといった過去を持つもの、人の家で眠っていた所謂デッドストック、といったように様々なものを使用します。

針──指先と布をつなぐ重要な道具です。種類は大小様々なものがあり、そのほとんどのものの後端に縦長の穴があいていて、この形態から糸を通し、布に縫い付けていく道具として使われはじめたと推測できます。

布──これがなければ糸は空を縫い、針は宙を刺すことになります。色のついたものを使用することが多く、糸の色やその形との間に生まれる関係はおもしろい。

【針と糸】

1. 針の後端の穴に糸を通し引っ張ることにより、緊張感が生まれます。

2. テンションを失うと糸のほうはだらけます。

3. 空間に別次元を作ります。

4. 糸の両端を引くことで別次元は瘤になります。

＊刺繍をするための道具は湿度を嫌います。針は濡れると錆び、糸は布を通るたびに嫌な音を発し、布はその重みを増します。

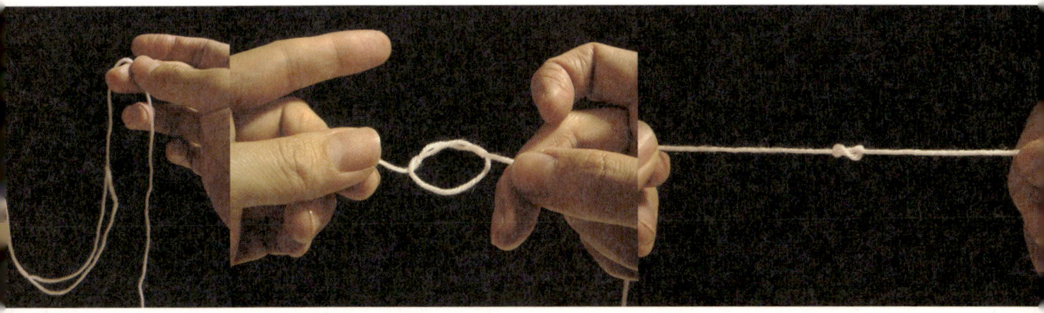

2　3　4

刺繍のしくみ

毛糸を使用する場合も刺繍糸の場合も、糸は適当な長さに切って使います。

糸は布に縫いつけられるにしたがって、まだ縫われていない部分はあたりまえで短くなっていき、おもて面うら面を行き来する速度も徐々に速くなります(a)。この性質はレコード再生時のアームの動き(b)やテープ再生時の巻き取りハブの動き(c)を想起させます。これは、レコードの溝がスパイラル構造で、のばすと一本の線になり、テープも同じく一本の線になることがその理由と考えられます。

また、感覚的には年をとるごとに感じる時間の経過速度の速さにも似ているように感じられます。

このように、刺繍には極めてアナログ的な特性があります。

その反面、布面に縫いつけられた部分とそうでない部分で形作られているために、「0、1」の信号により成る二進法を用い、その記録面が凹凸しているコンパクトディスクを連想させる面もあります。

これらのことから刺繍はその運動面においてアナログ的であり、表象面においてデジタル的な方法である、と言えることは言えます。しかし、刺繍には記録、再生という性質はなく、事実のみの存在であるので、それらを比較するのはナンセンスという意見もあるにはあります。ちなみに川は下流に行くにしたがい、その流れはゆっくりになります(d)。

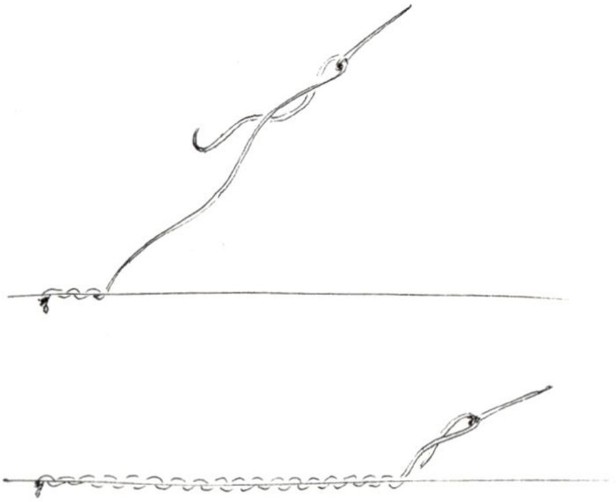

a

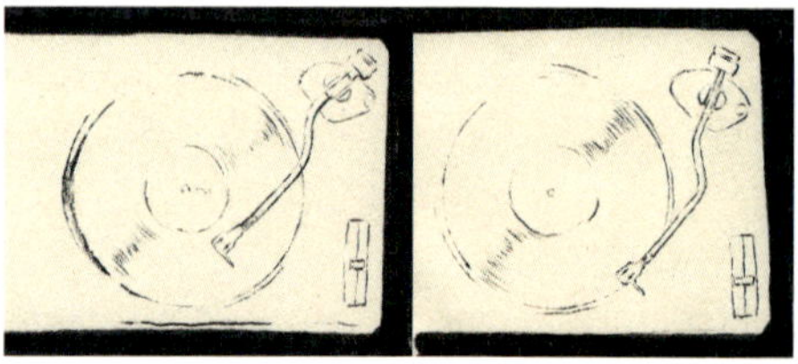

b

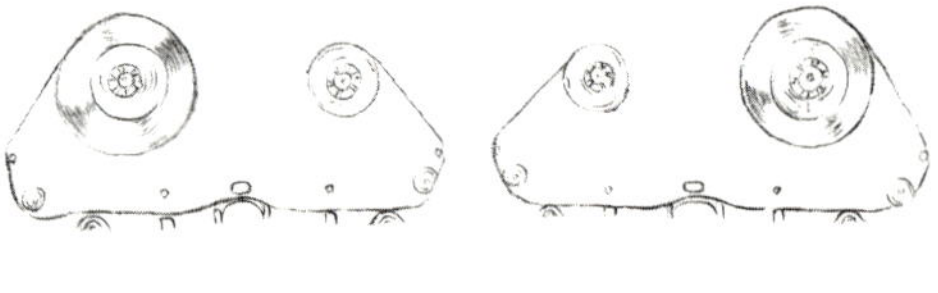

c

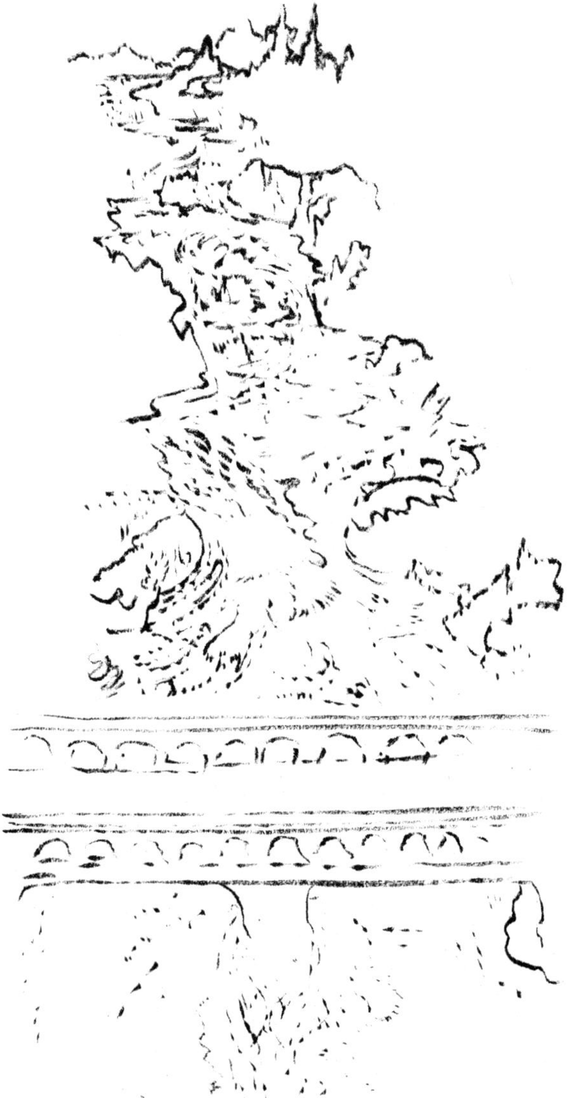

d

Slanted Woods

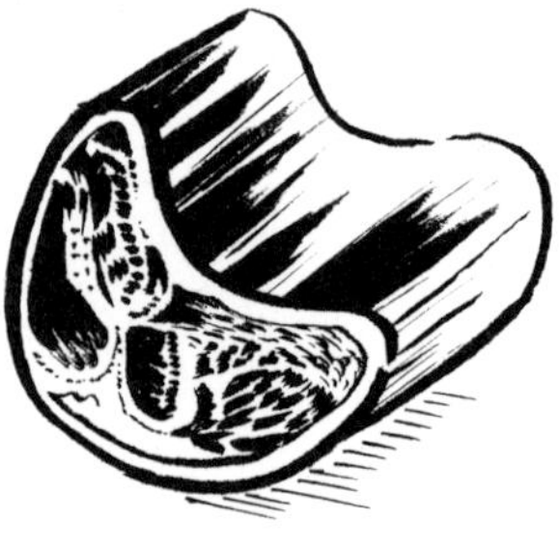

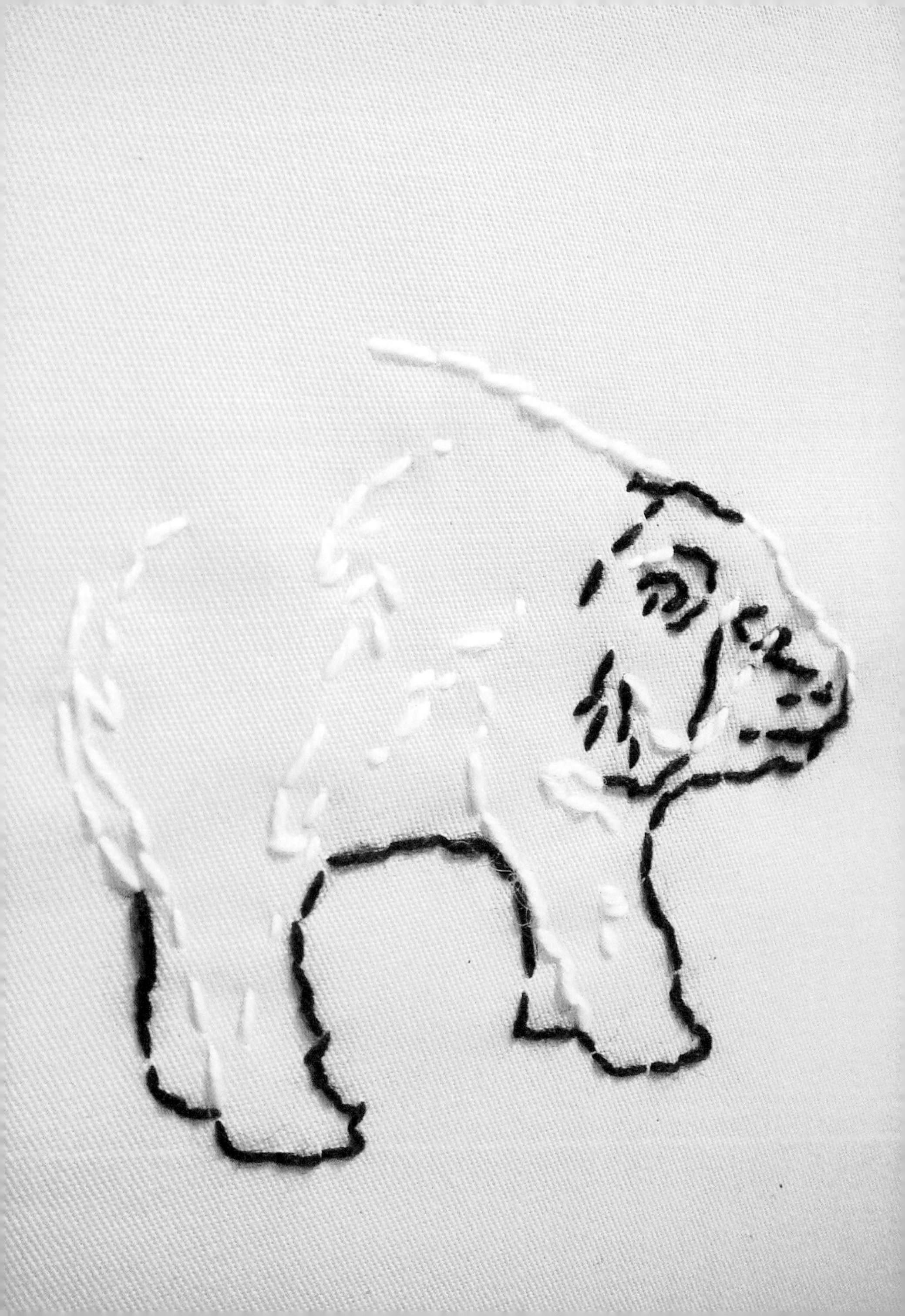

水仕事

　堰堤、魚道などの人工構築物により極端に動きを制限された水は、空気を取り込んで龍のようなものを作り、下流に流れようとする自分自身とは裏腹にその龍のようなものを流れに逆らうようにのぼらせる。この現象を「水仕事」と呼ぶ。なぜ自然そのものである水がこのような不自然な行動をとるのか、まだ科学的には解明されていないらしいが、感情的には解る気がする。この他にも地下鉄のホームに向かう階段にはげしく吹き上げ、あらゆるものをめくり上げる「四条大宮の風」といった、規模の大きいものも有名である。こちらは、科学的にその行動のしくみはつきとめられているというが、感情的にはなぜそこまでするのかが解らない。

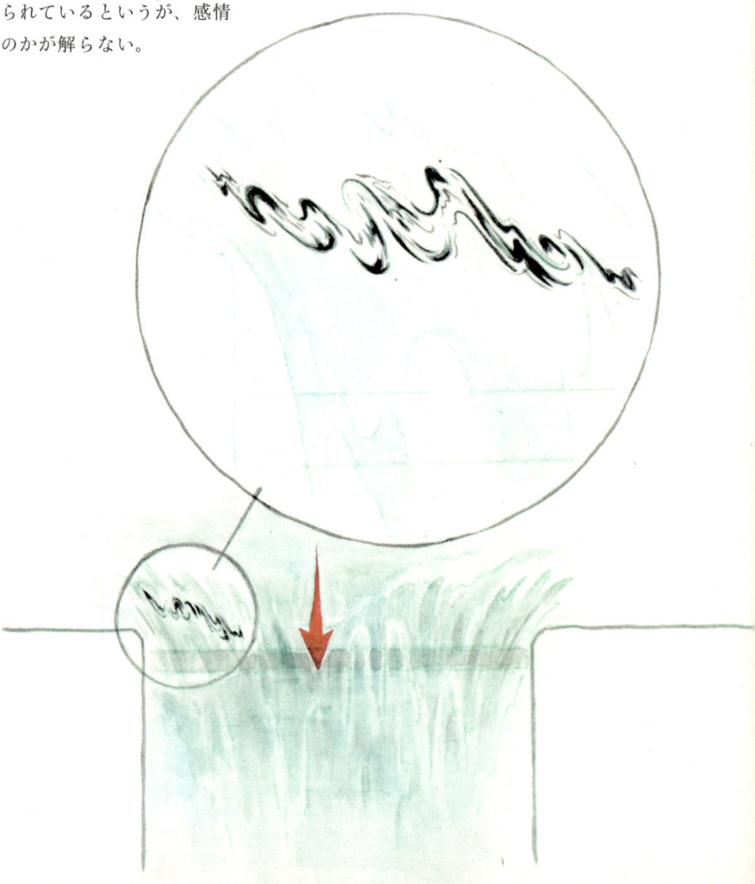

股覗き

天橋立は股覗きで有名です。股から覗くことでその変わった地形は異次元に架かる橋に変化し、股から覗き終えると、また元の変わった地形に戻ります。

しかし、脳におよぼす影響はあとをひき、異次元と足元、目の前の景色、目の前に無い事物などを引き合わせ、団子にする。

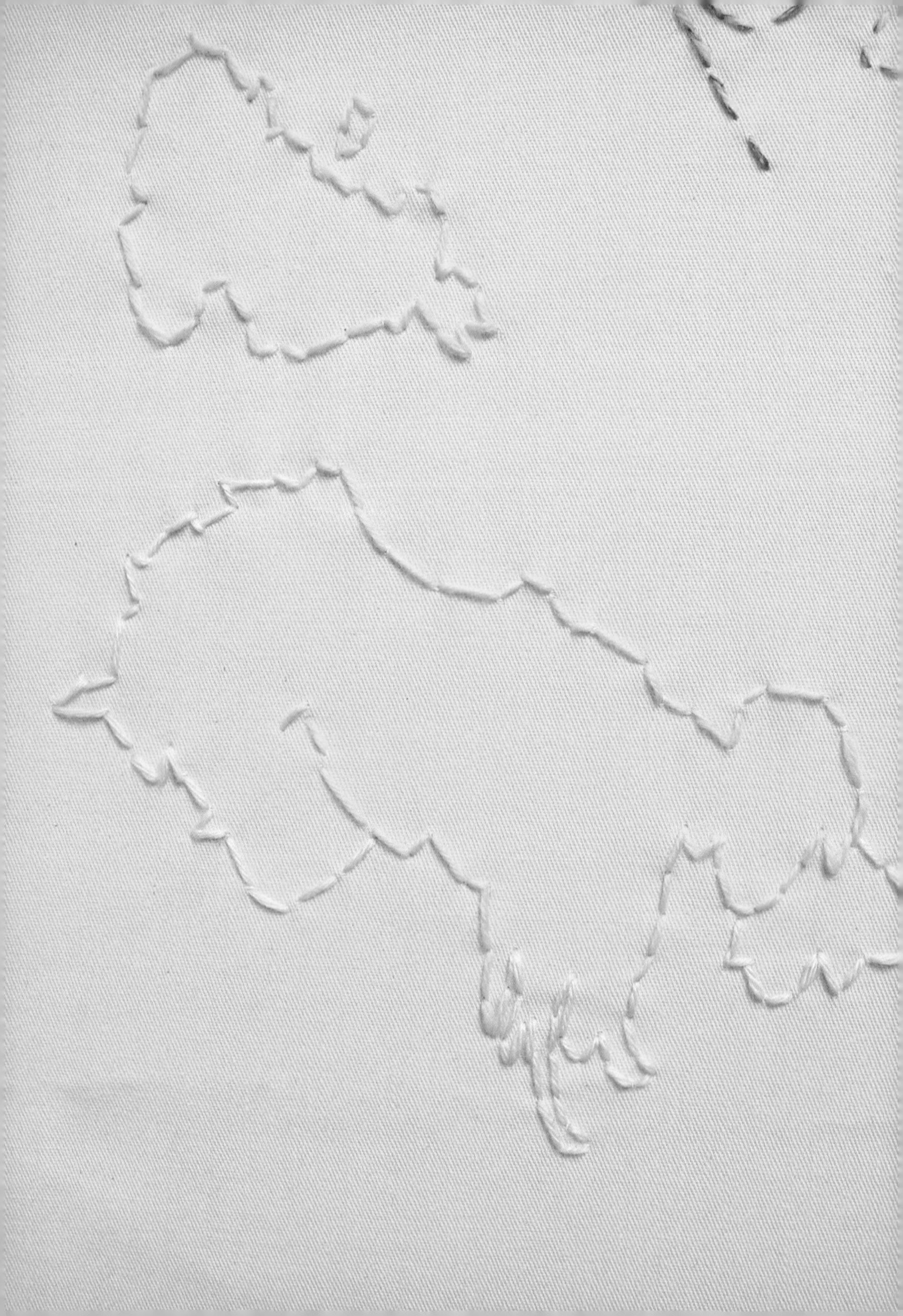

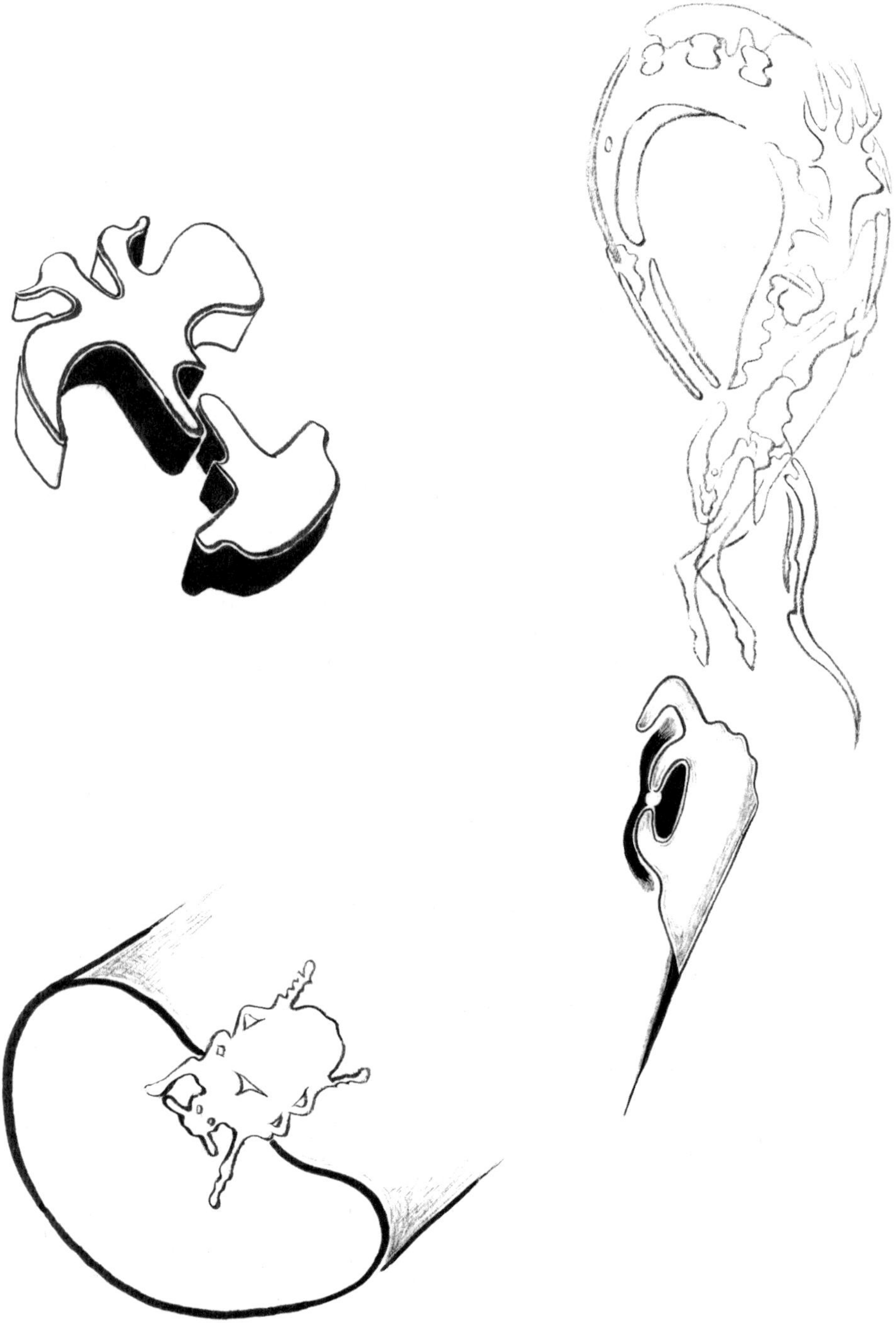

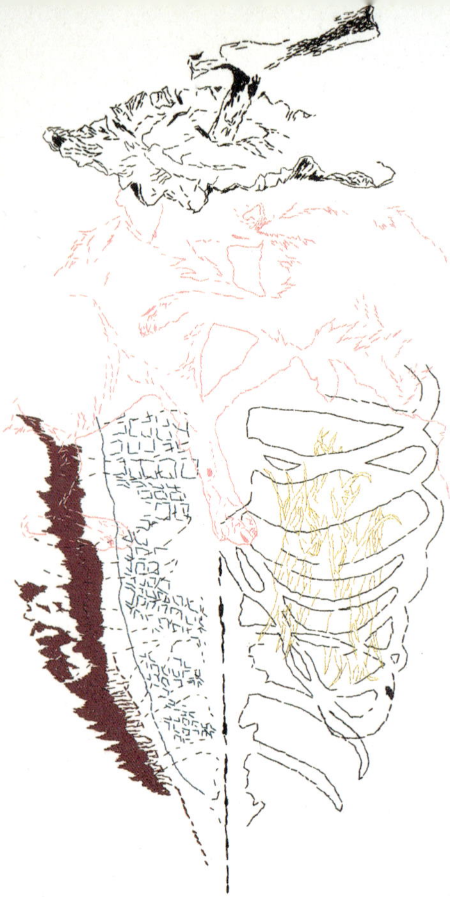

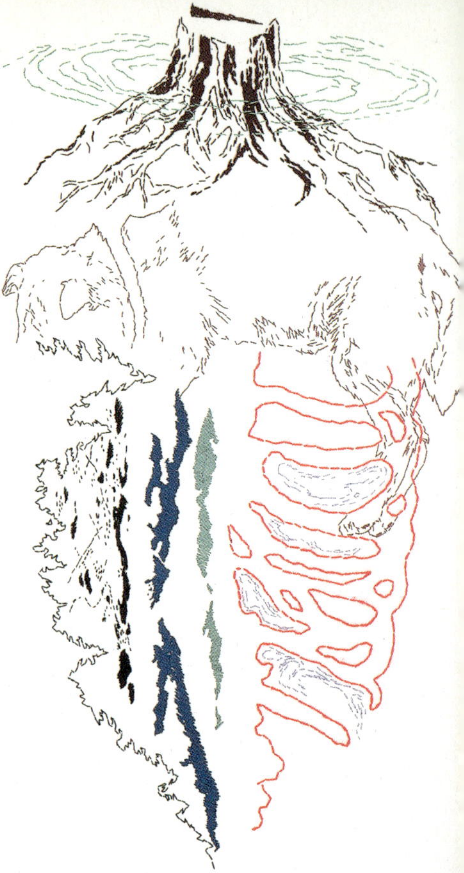

兄弟

同じ母親から生まれた、さるの兄弟

同じ布、近縁の毛糸から作られた、干柿の兄弟

同じ木に成った渋柿を加工した、干柿の兄弟

イヌ

犬＝いぬ＝居ぬという語源からも解るように、
犬は人と動物の間を行き来しそのどちらにも居を定めない。

壁に向かい吠え、その声が壁にあたって帰ってくる
のを楽しむという趣味を持つ犬。（声は見えない。）

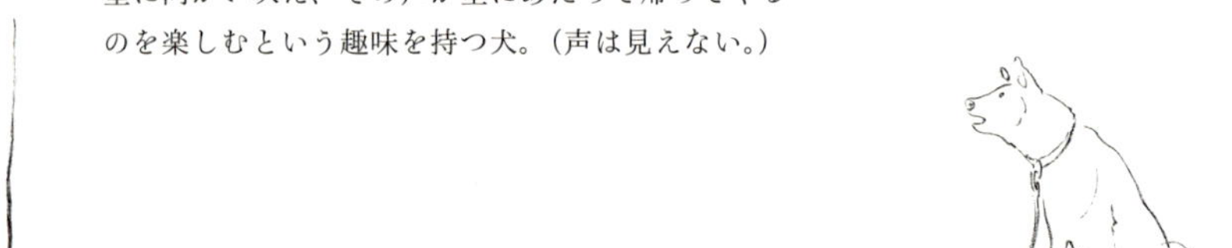

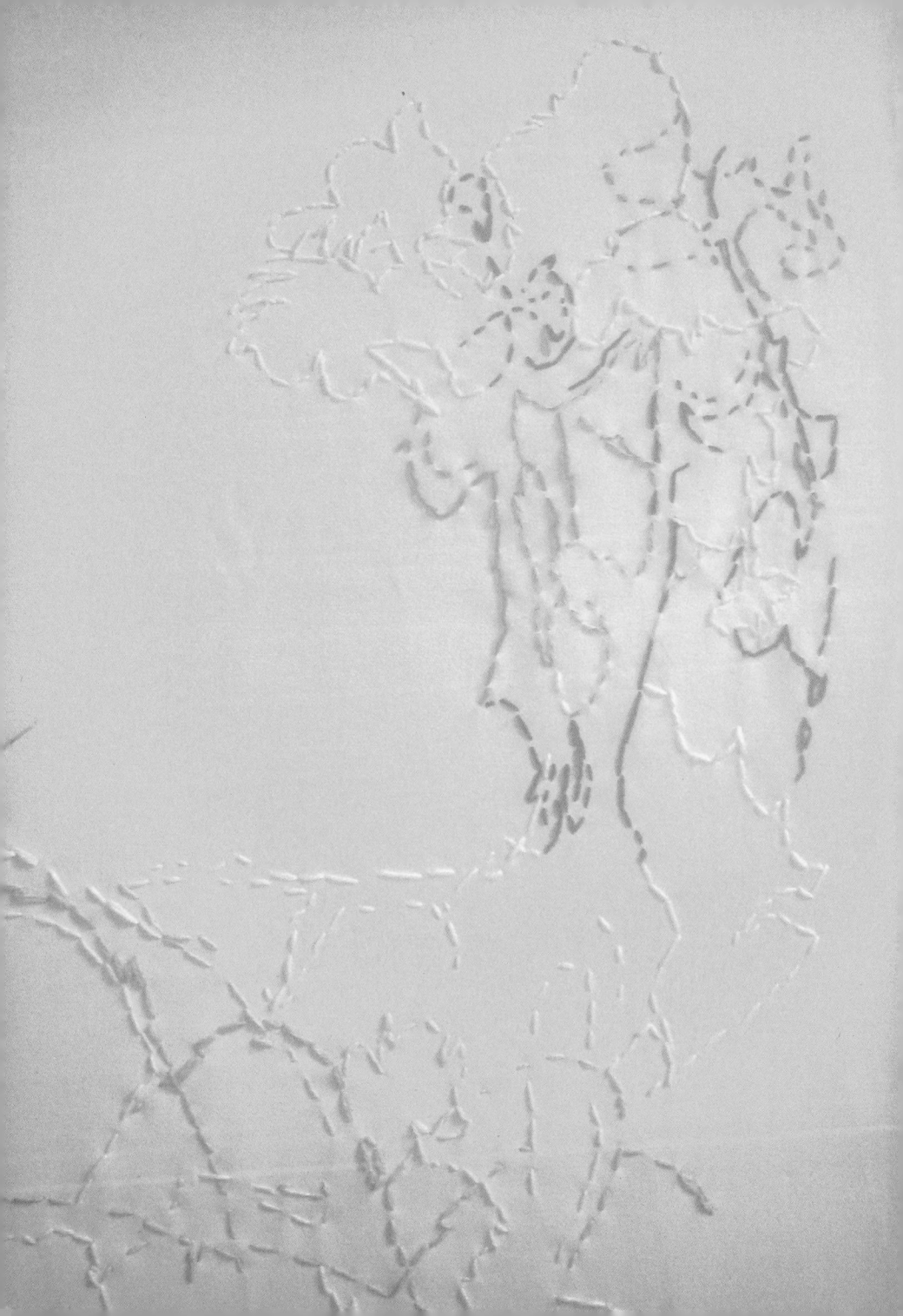

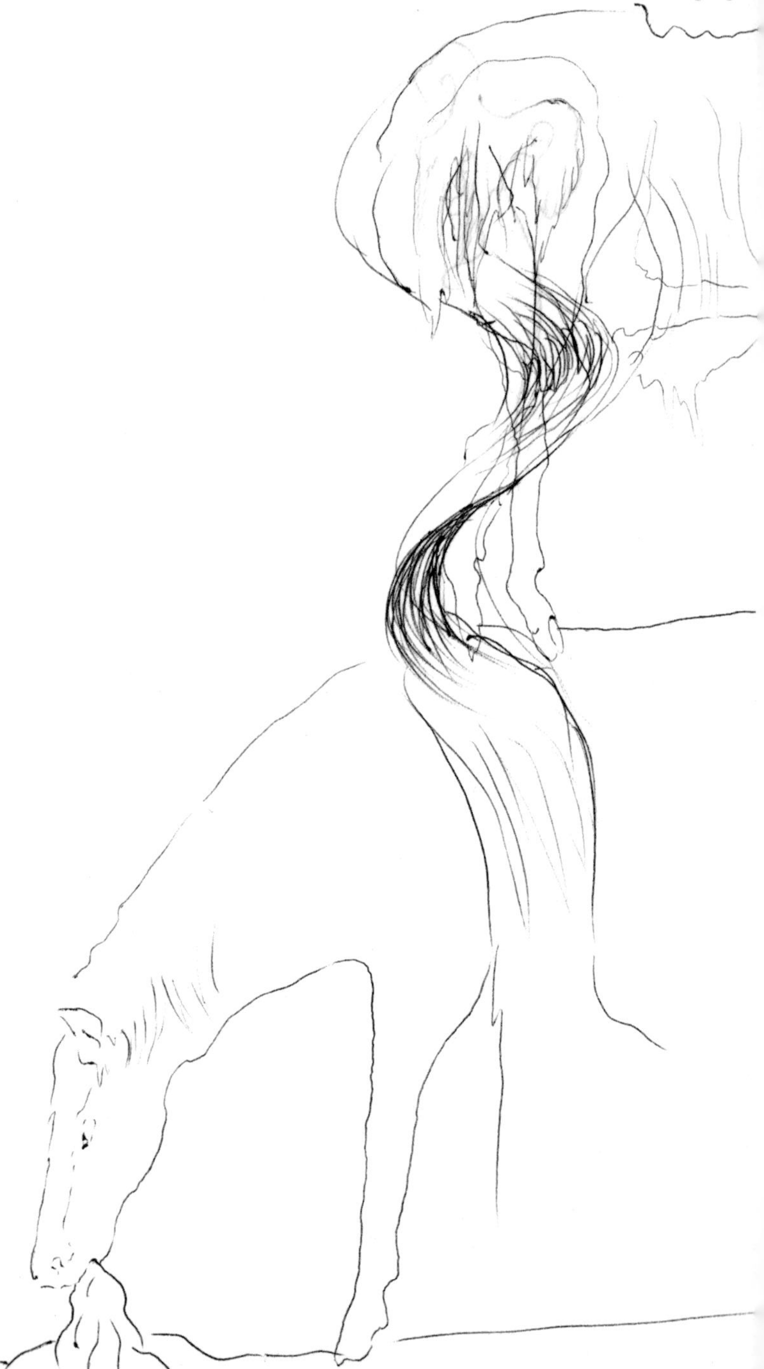

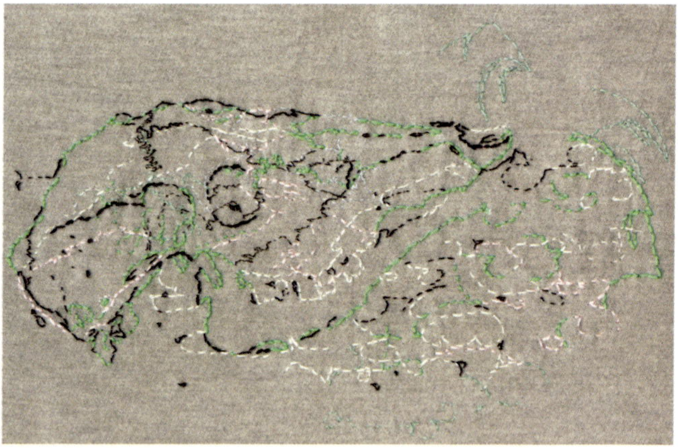

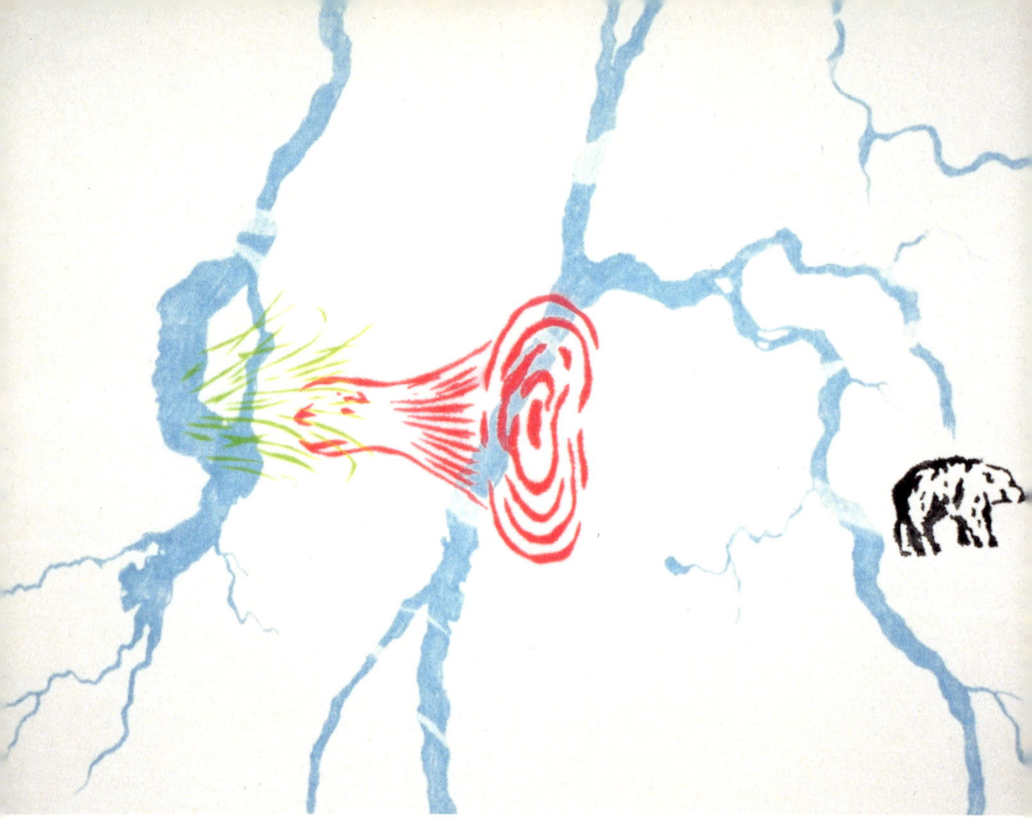

ベアー イン ア・サーティン プレイス

　小さな木彫りの熊はとてもかわいい形をしている。これは、実際の熊もとてもかわいい形をしていることを表す。反面、熊のにおい、うわさ、足跡などの情報が人に与える恐ろしさはおやじ以上と言っても言い過ぎではない。事実、人は山奥で熊のにおいを嗅ぐと、どんなに音痴であっても大声で歌いだすし、新鮮な足跡を見つけると、笛と鈴を同時に鳴らすしで、尋常ではない。その姿よりも、わずかな痕跡において熊は異様な影響力を持っている。スイス人はその国に住む熊を恐ろしさの余り絶滅させたという。しかし、こうなると、もはや人のほうが恐ろしい。このように、熊はその影響力により、時に自らの運命にも影響を与えてしまうことがある。

近所にて

　　自分の頭は鏡を使わない限り自分で確認することは出来ない。例えが極端だけど、そこがトラで、さらにそこから木が生え、川が流れていようとも（右図）鏡を見ないとなかなか気がつかないのだろう。まあ、そうでもないか。いずれにしても、それに気がつくと人はパニックに陥るのだろうが、そんなこと起こるはずがないという考えがあたりまえです。

動物園で人はにこやかです。それは、柵や檻が安全を約束してくれているからで、それがない状況（下図）などあり得ないという考えがあたりまえです。

しかし、頭の上と柵の向こう、どちらも近所にある果ての場所であるということもあたりまえです。

そして、これがあたりまえの三段活用です。

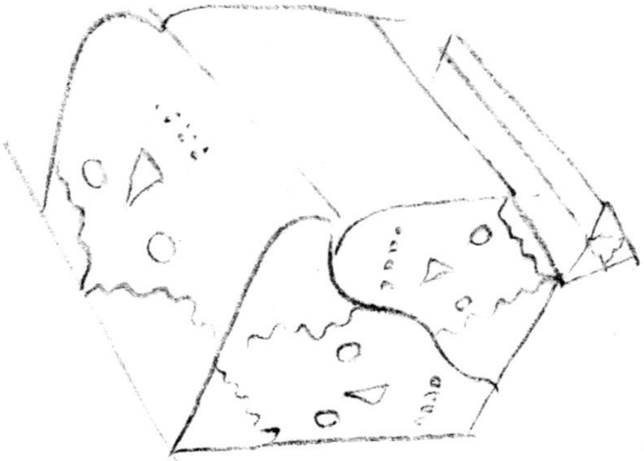

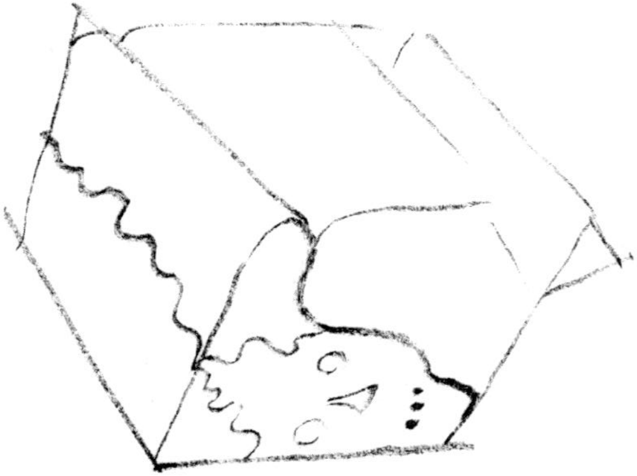

Schedul

f the Dust

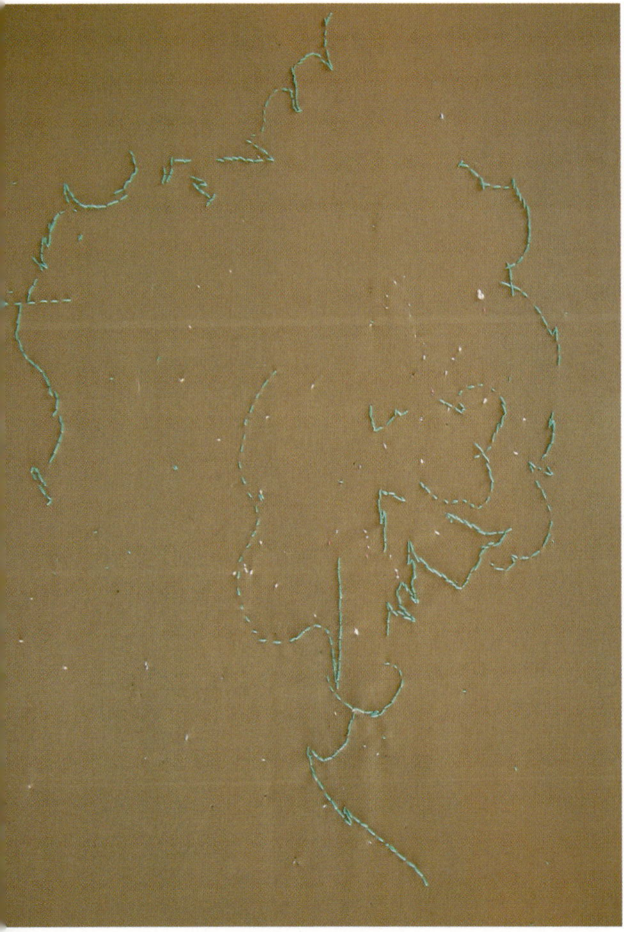

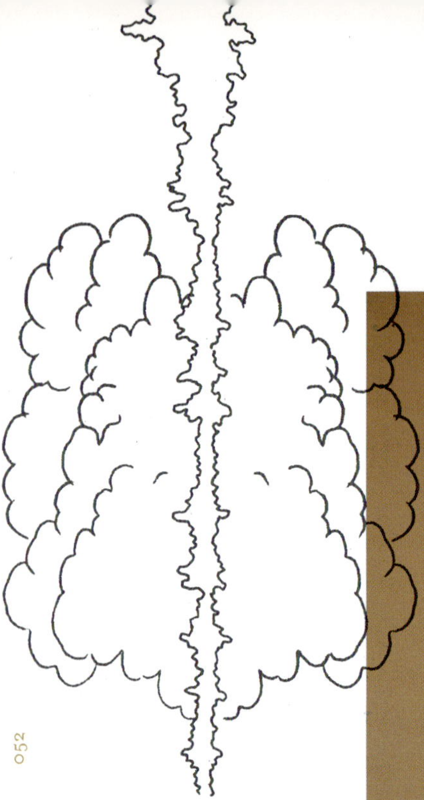

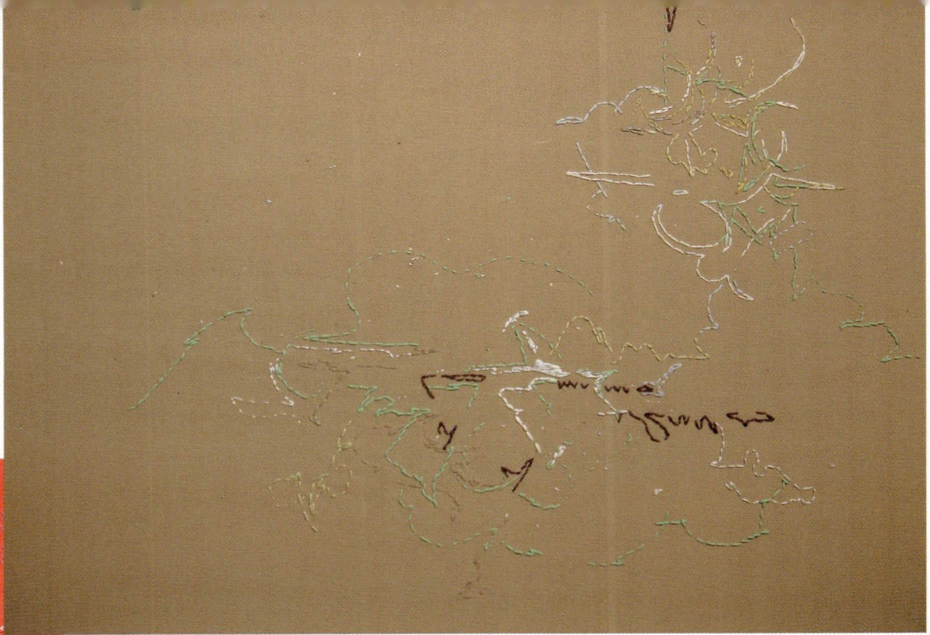

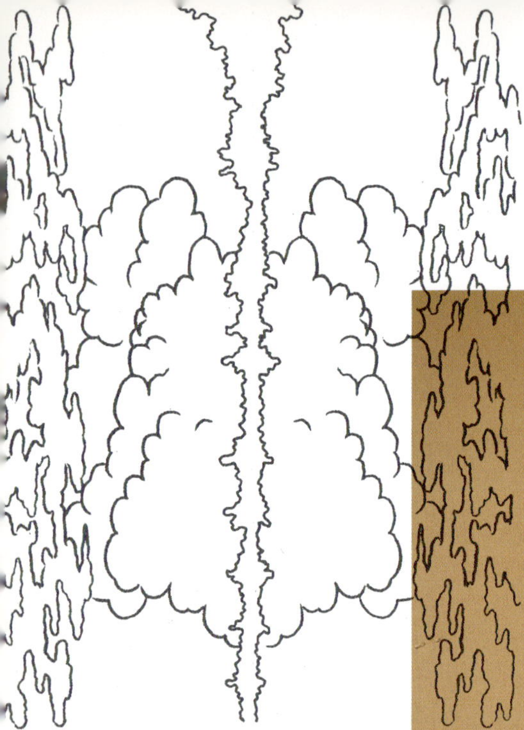

動物美術

人も含め動物は関わった場所になんらかの跡を残すことが多い。そのほとんどは無意識の産物であることが多いが、時に明らかに意志を感じるものがある。

a

b

c

a. イグアナの尻尾美術

b. サギの雪美術

c. 蚯蚓の糞美術

d. 人の刺繍美術

d

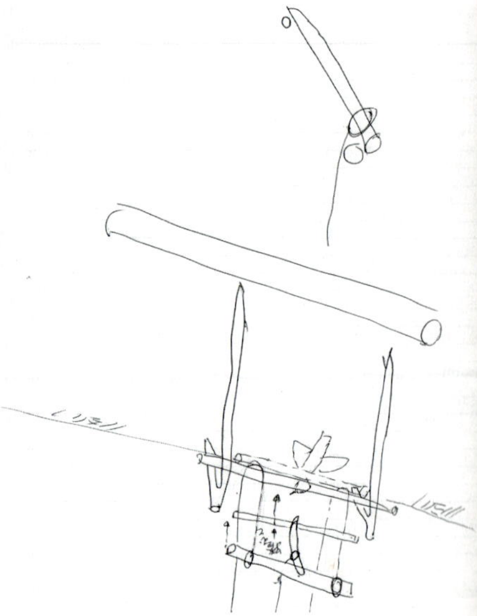

木のしかけ

草の茂った地面から生えているほどよい高さの木を選び、幹だけの状態にする。
幹だけの状態になった木の先に、ややこしいものとやっかいなものをつなぐ。
そのややこしく、やっかいなものを、鹿の角状に地面に差したものに丁寧に乗せる。
それらを配置する場所の草を抜き、直径1メートルの禿げを作り、麦を撒く。
配置し、しばらく放置しておくと、やや、やっかいなものに鳥が挟まっている。

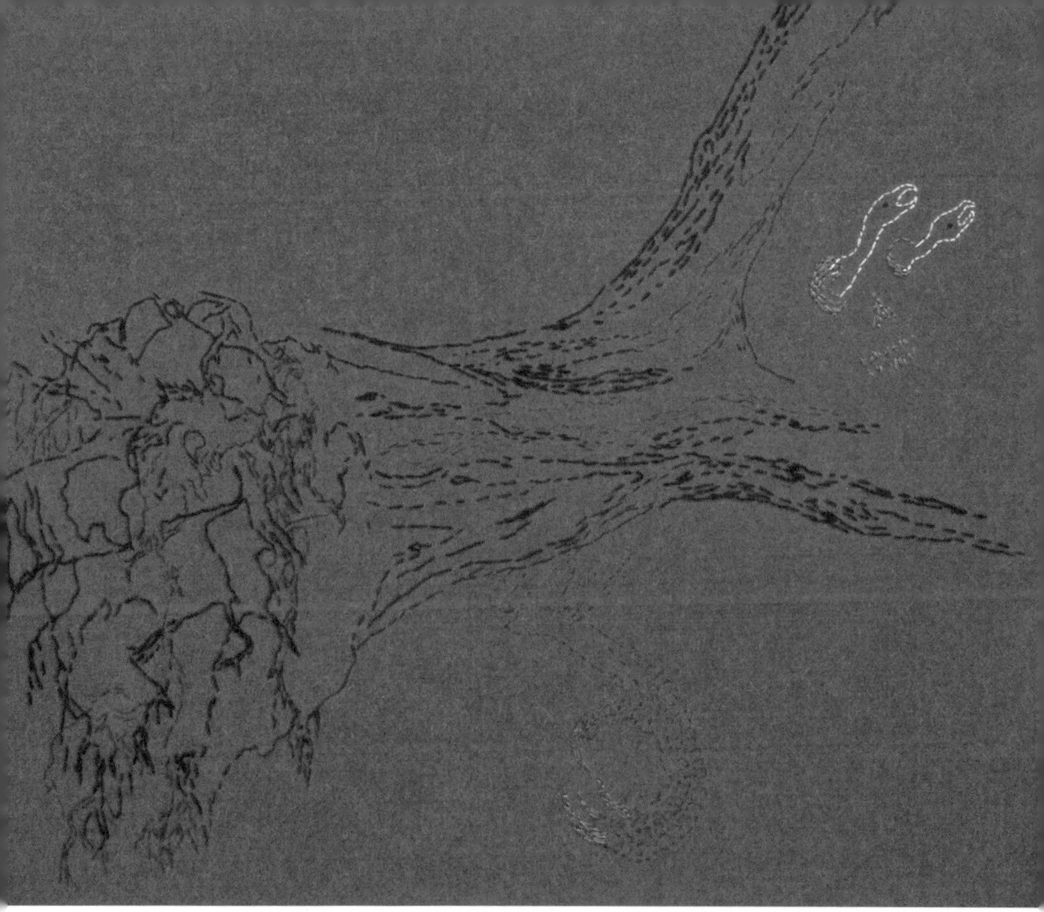

水と布

布は生きたり死んだりしない。このくらいのことは熊の置き物でも知っている。しかし、そこに流水という要素が加わると話は別である。流れを味方につけた布は人の汗を拭っていた頃とはうってかわり、とたんに生命感を帯び始める。その姿はまるで魚のように見える。川ではこのような布の優雅なすがたを見かけることが時折あり、まれに、それを魚と思い込んで、餌を流し続ける釣り人のすがたを目にすることもある。これは魚にとっては嬉しい、布と人との幸せなやりとりといえるでしょう。

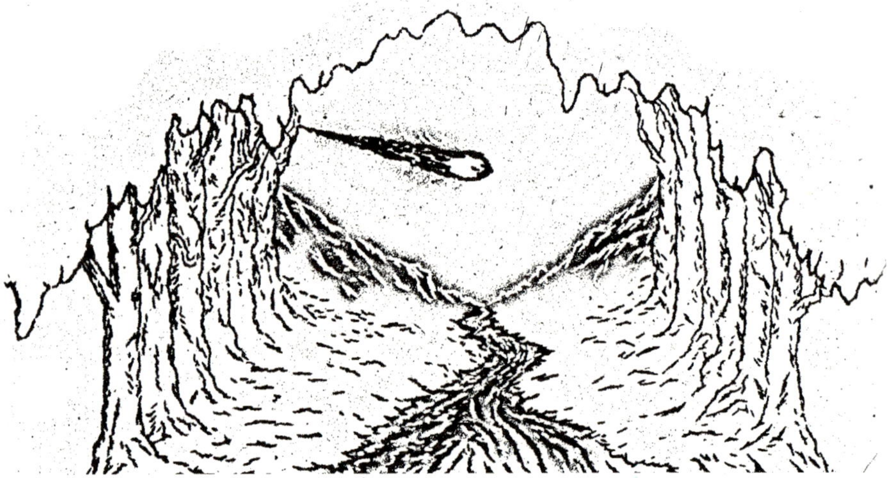

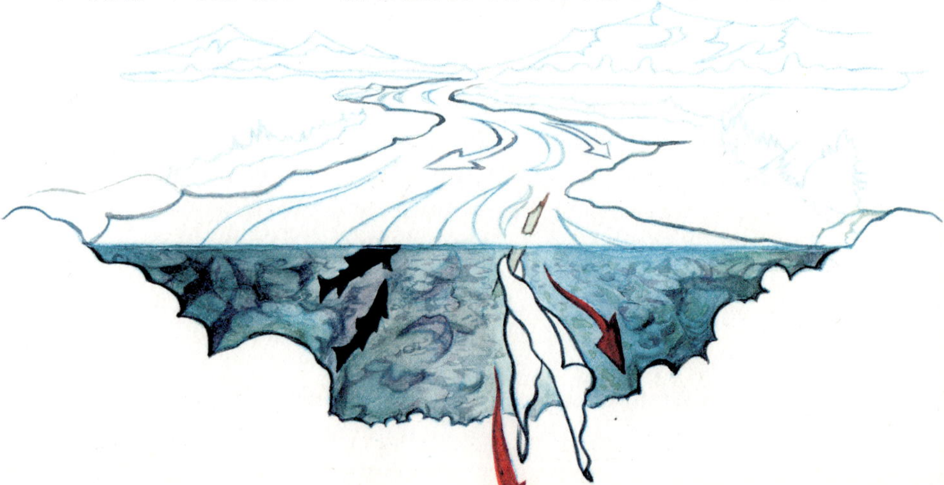

エックス

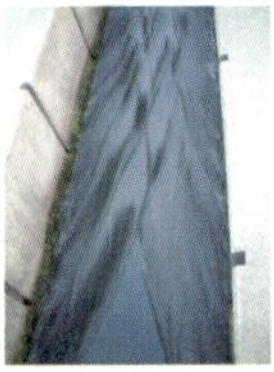

　同じ種類のものが別の方向に向かいクロスすると、Xの形になる。別に、違う種類のもの同士でもそういうことはめずらしくないが、どこか無視しあう感じがしてしっくりこないのは、なぜだ。

ところで、人同士がクロスすると記憶というものを交えて、物体とは別のXが生まれる。

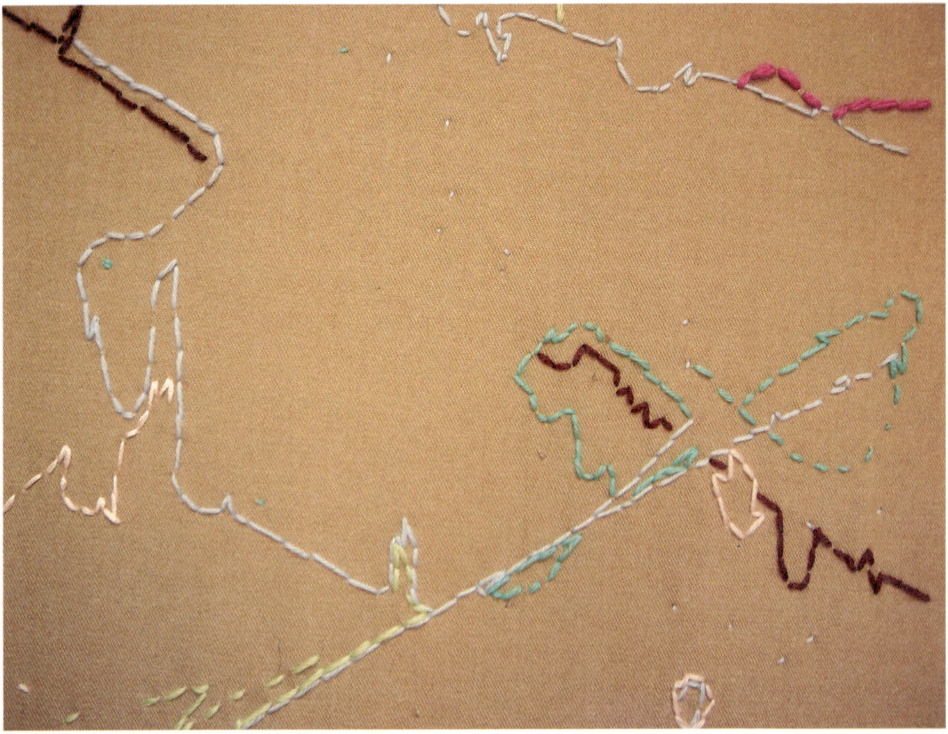

ニュー・タウン 1

　よく魚つりに行く川の近くに森がある。森といってもその間に道が通るような斜面の森で、僕はよくその道を使う。よく通るのでよくチラ見することになる。チラ見したくらいでは森はウンともスンとも言わないが、季節もかわると森の様子もずいぶんかわり、ものすごくウンとかスンとか言っていることに気がつく。人とは時間の感覚というか間というか、なんだかわからないがそんなものが違うんだろうなとか、ゆったりしていて羨ましいなあとか、思ったりしていると、ある日突然崖崩れをおこし、もといの状態になっていたりするので、ますますその行動は不可解にうつる。理由としては、杉の根が浅いことや、森を分断する道路のせいだとか色々あるんだろうが、とにかく長い年月をかけて出来たものたちが、あっさり消えてしまう姿には呆気にとられてしまう。擬人化するようで申し訳ないが、いさぎよいなとか、勿体無いなとか、ついつい思ってしまう。もちろん、森は人ではないので勿体無いとか、いさぎよいとか、思ってないだろうし、何も思わないと思うし思わない。そのように思うのはお金とかを発明し使う人の思うことだろう。金があると崩れた森は危ないとか、その他の事情で固められ、トラは危ないので毛皮の絨毯か剥製になる。金が無いと森はなんとなく崩れたままで、トラは鹿を喰うか人を喰う。どちらに転んでも嫌がる人は居て、これは人の勝手と呼ばれている。話は横道にそれてしまうが、その森の横道には鹿がたくさん出てきて、よく目があう。鹿と目があうと、どういうわけかそれまで考えていたことが白紙になり、思考がもといの状態になる。そして、魚は捌いても狸はひかないようにしようとか人の勝手を思い付く。

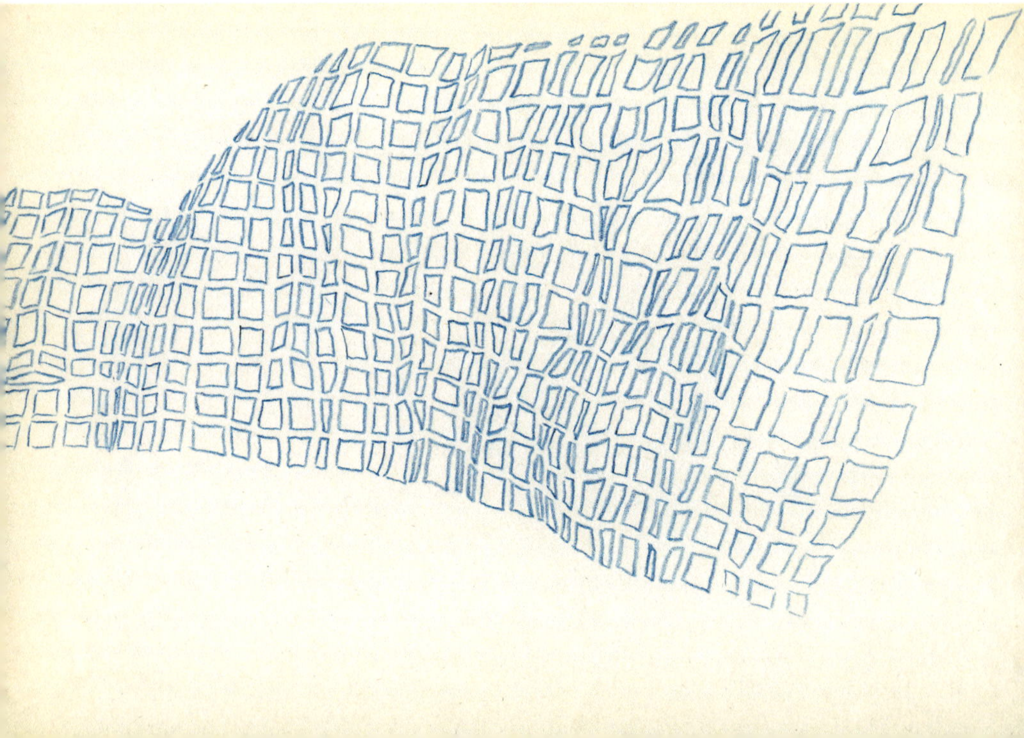

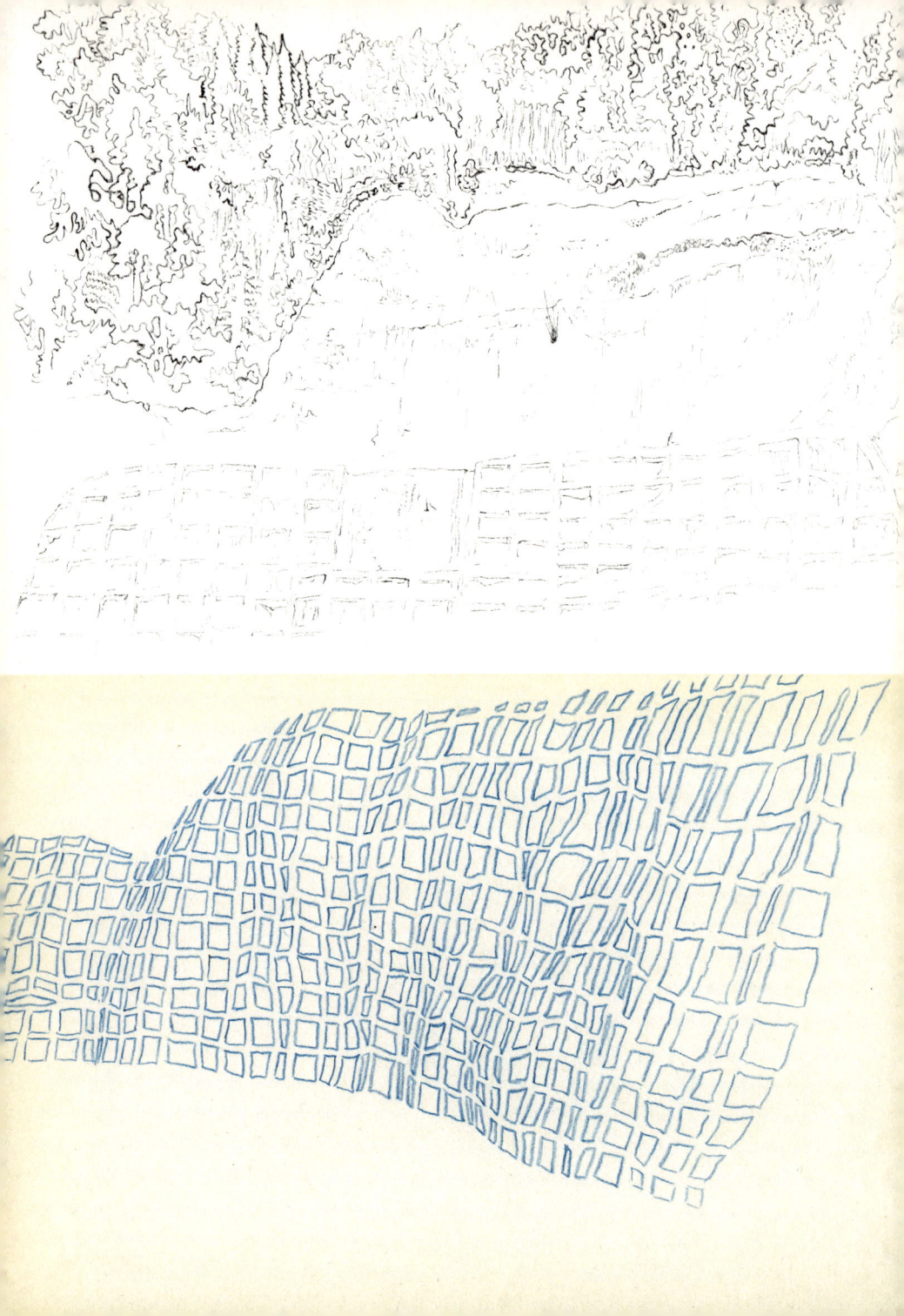

3

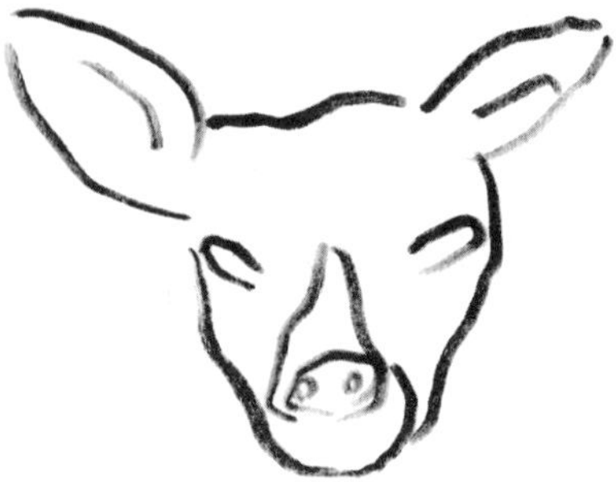

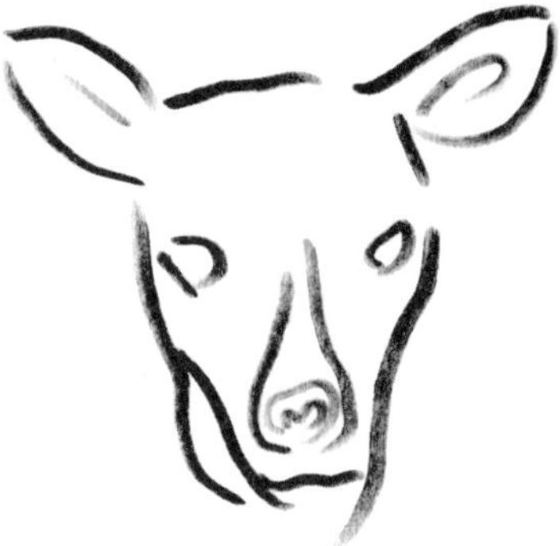

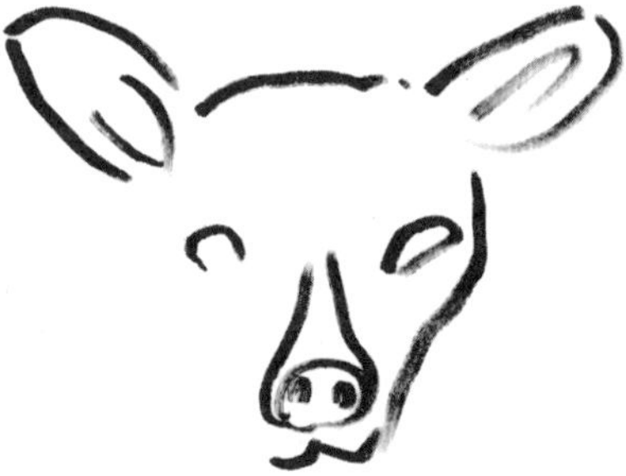

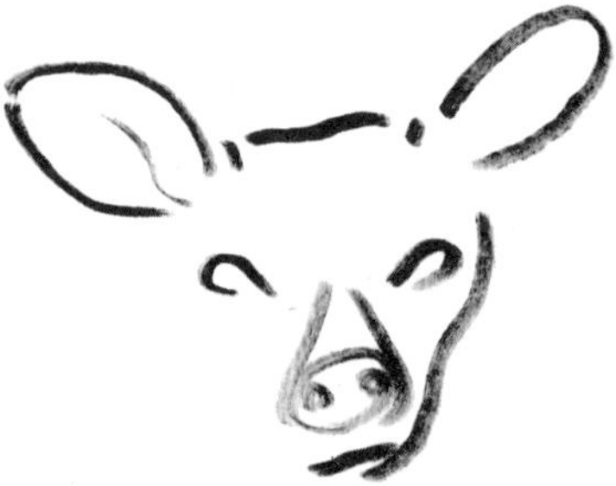

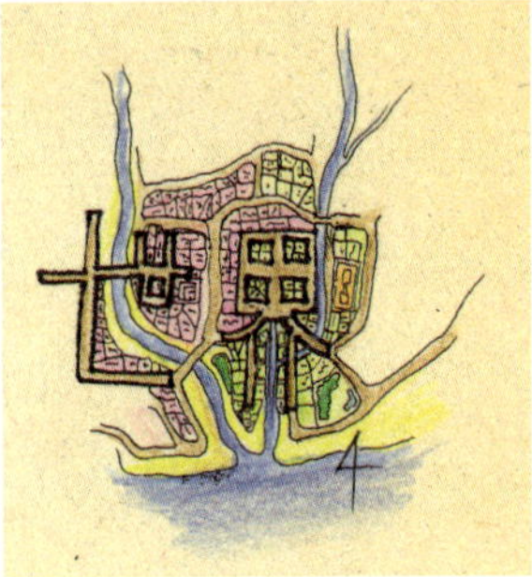

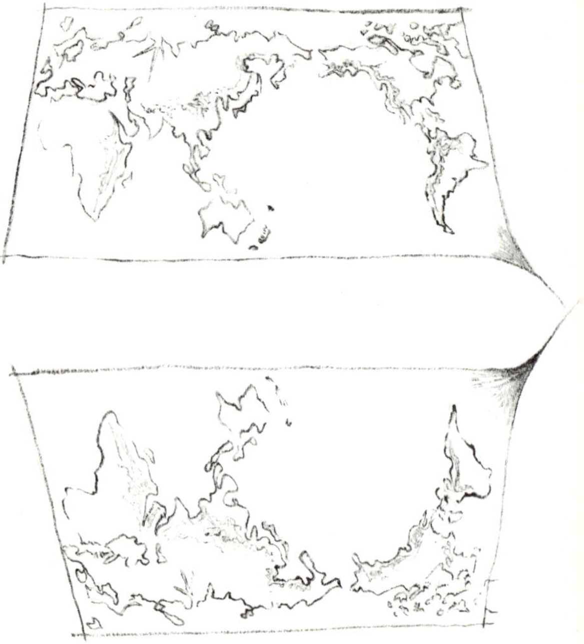

地球平面説

　　地球は平たい。近い将来、一般人の宇宙旅行も現実化するだろうと言われている今日この頃に、おかしなことを言うようで申し訳ないが、どうも地球は平たい。実際に宇宙に出て地球は丸いということを確認した人はほんの一握りである。にもかかわらず、地球が丸いということは地球人の常識とされている。しかし、どんな些細なことにも証拠を求める現代人が、自分で確認もしていないことを信用していること自体、むしろ非現実的ではないか。月面軟着陸の映像にウサギが映っていなかったことにもウソ臭さが漂っているし、だいたいUFOに捕らえられずに月にたどり着けるはずがない。一方、地球を歩く時に球面を感じて歩いているなどと思わないのは現実である。平たい地球は太陽によってその表面を照らされ、裏面には左右逆転した地球が透けて見える。表裏一体、陰と陽など、このことを暗示する言葉が多いことからも地球の平たいことは明らかである。

やはり、地球≠The earth（大地）＝平たい地、と考えるほうが無理がない。

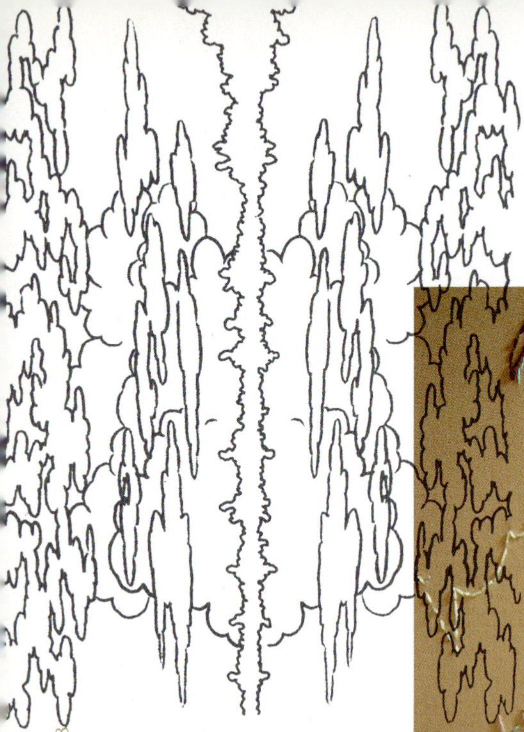

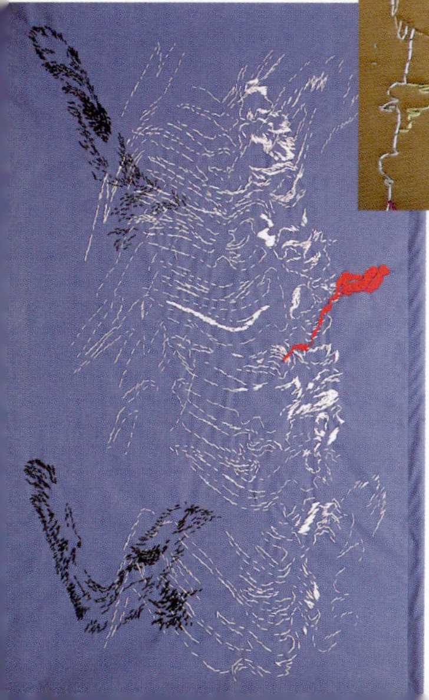

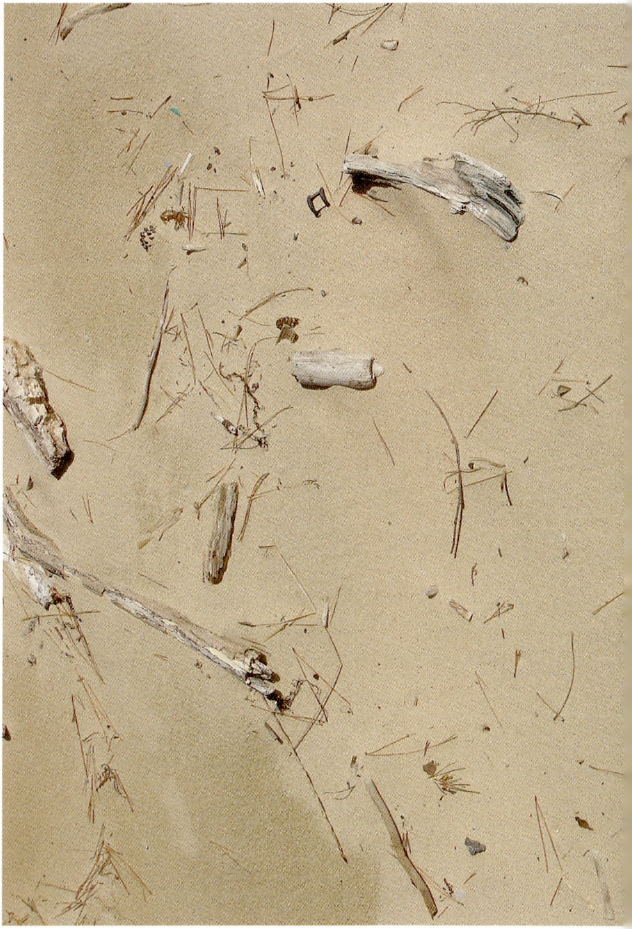

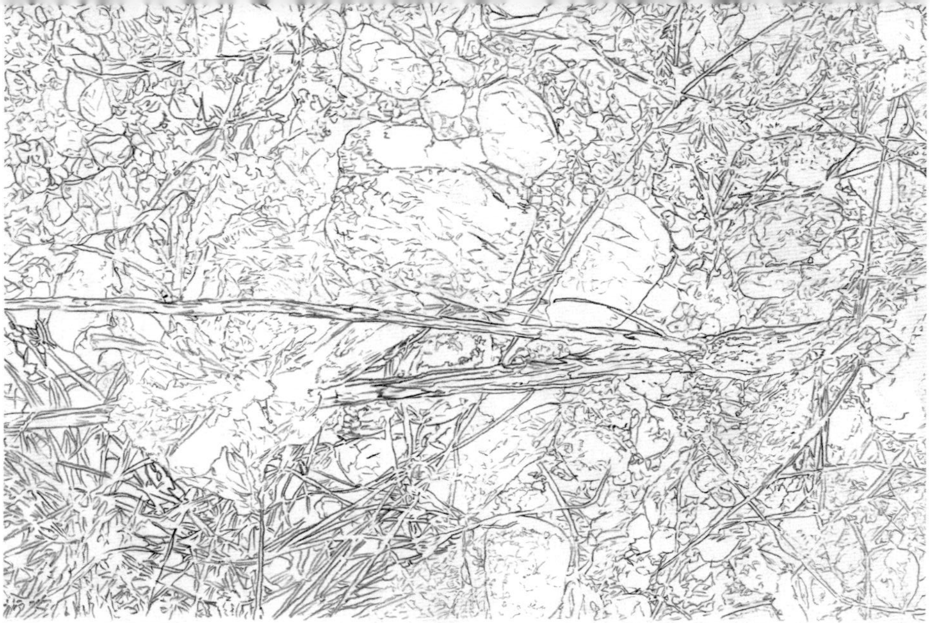

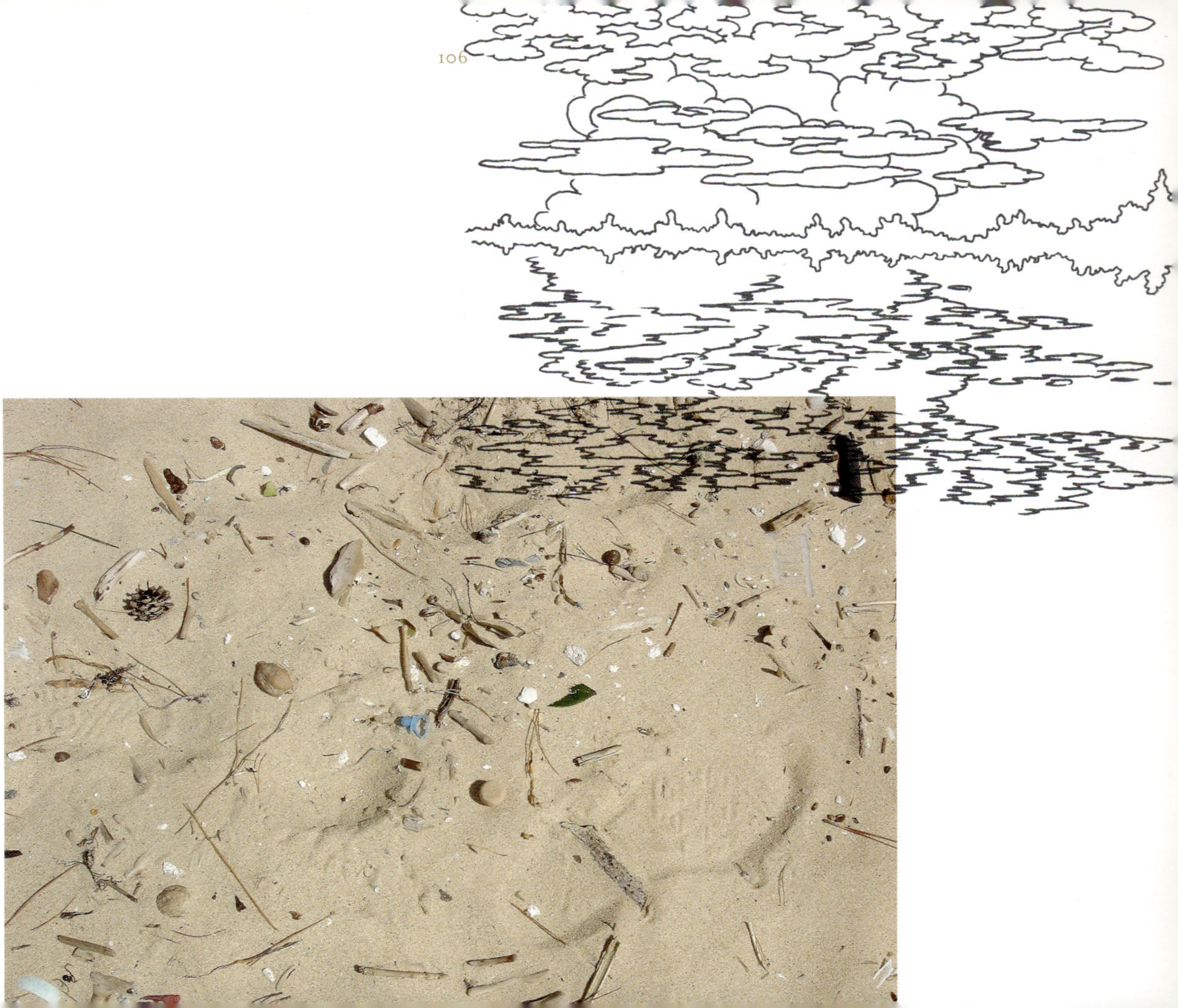

ニュー・タウン2

五月頃の、木が黄緑色の時期に赤いものが舗装された道路に落ちていて、それは狸でなく兎だった。兎はすばしこいのであまり車にひかれないが、たまにひかれる。兎をひくくらいだから、そのおそらく黄色いであろうスポーツカーは相当に速い。黄色とうす茶色の衝突は赤い色を作り、日も昇ると黄緑が見えてきて、それは肉の皿に添えられたレタスに似ている。遠景においてはこのように悠長なことも言ってられるが、そばによると蠅が飛び交う凄まじさで、その情報の速さは人の技術と比べて純度が高い気がするし、すでに蠅の子も居たりする。そこは舗装路の上なので微生物はすくなく、蠅や鳥など羽のあるものが主だって兎だったものを減らしていく。広い地面をすばやく移動し、そこに生える草をちびちび減らしていた兎が、停止するとちびちび減らされるという入れかわりのフラクタル感がねちこくて微妙に圧倒されつつ、見入ってしまう。自分の出したごみに集まる蠅や鳥は追い払っても、しんだ兎に集まる蠅や鳥を追い払う気持ちが起こらないのを不思議に思うが、かりに追っ払ったとしても、その行動のほうが不思議というもの。人も熊も自分のテリトリー外での事象は景色とかわらないのでしょうか。

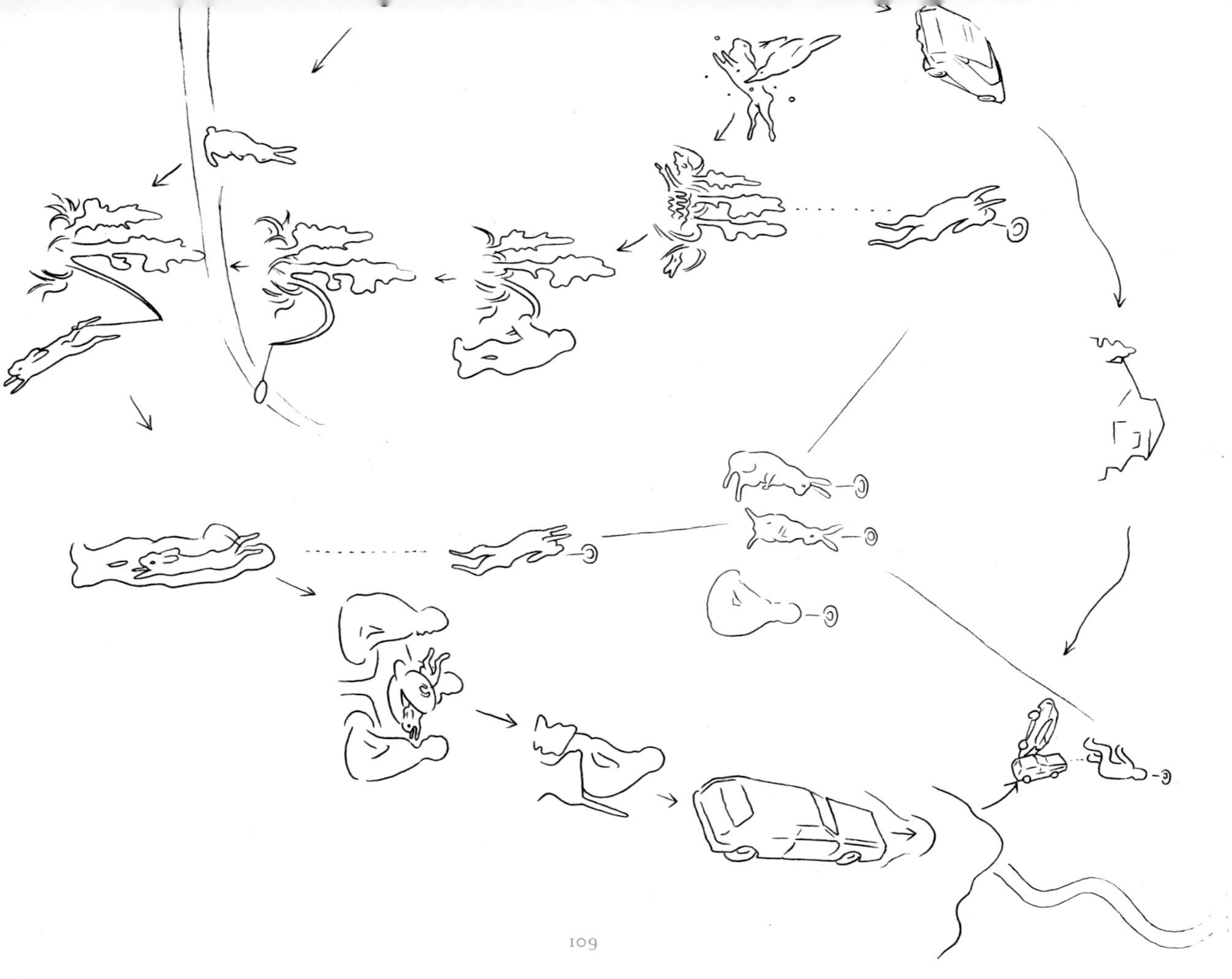

木のしかけ

　　　　地面から生えているほどよい高さの木を選び、その枝をすべて落とす。

幹だけの状態になった木の梢をナイフで削り、尖らせ、根は生かしておく。

尖った梢を地面に軽く差し込み、ワイヤーで出来た可動式輪っかの端を木に括りつける。

このとき大事なことは、ワイヤーを間違って別の木に括りつけないことです。

間違わずに括りつけることが出来たなら、道具は完成です。

この道具をけもの道に面した場所で制作すると、翌朝には兎が逆さ吊りになっているのです。

逆転の確認

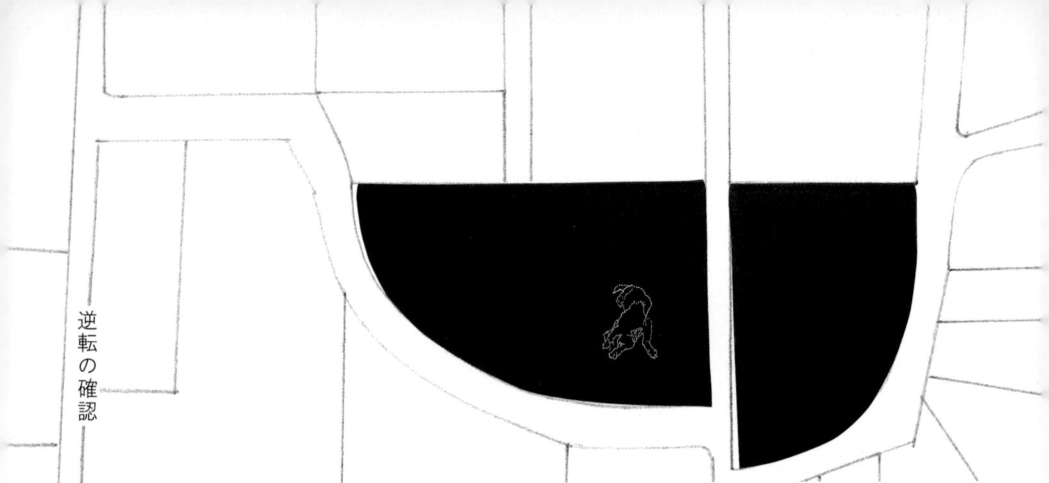

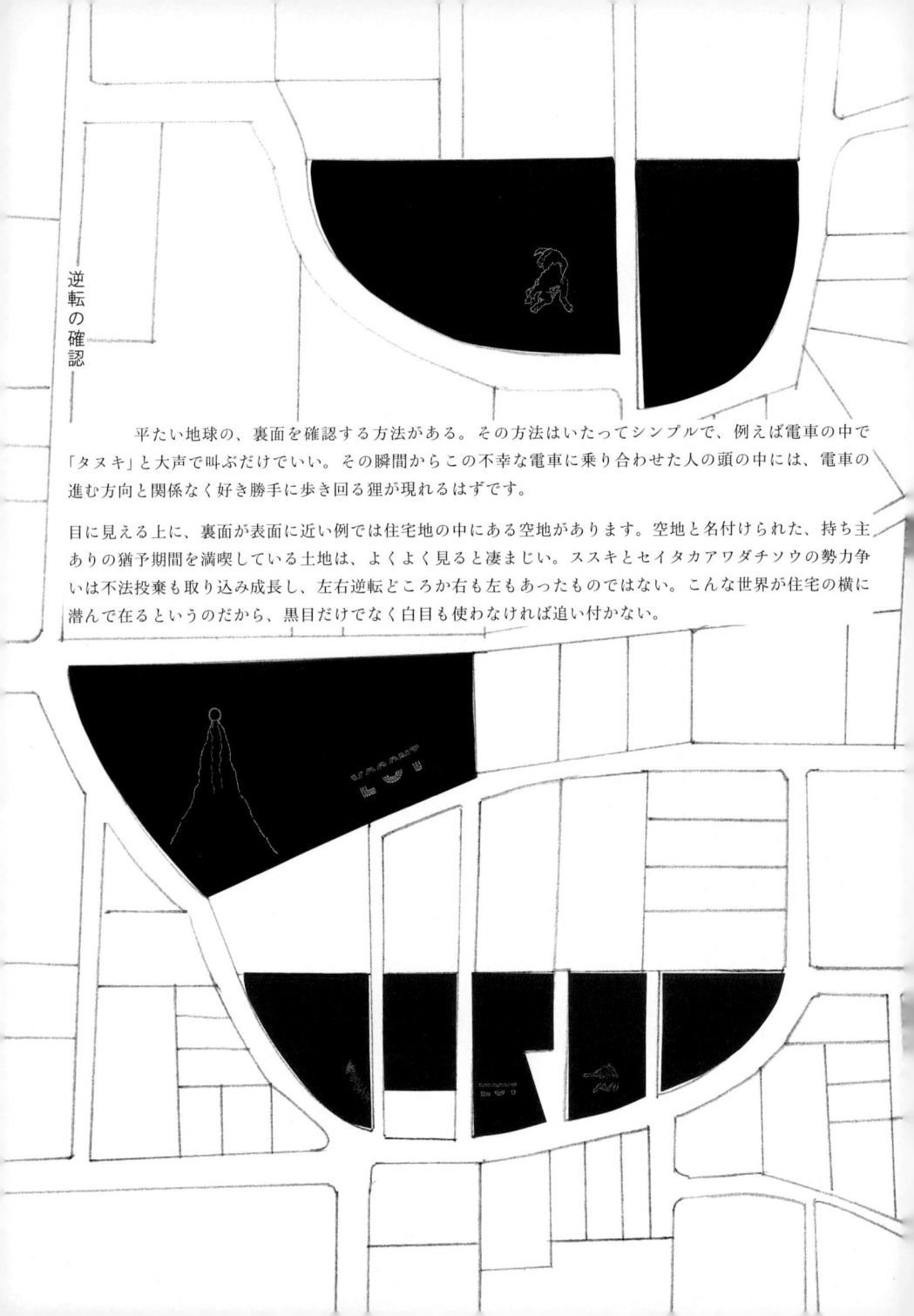

平たい地球の、裏面を確認する方法がある。その方法はいたってシンプルで、例えば電車の中で「タヌキ」と大声で叫ぶだけでいい。その瞬間からこの不幸な電車に乗り合わせた人の頭の中には、電車の進む方向と関係なく好き勝手に歩き回る狸が現れるはずです。

目に見える上に、裏面が表面に近い例では住宅地の中にある空地があります。空地と名付けられた、持ち主ありの猶予期間を満喫している土地は、よくよく見ると凄まじい。ススキとセイタカアワダチソウの勢力争いは不法投棄も取り込み成長し、左右逆転どころか右も左もあったものではない。こんな世界が住宅の横に潜んで在るというのだから、黒目だけでなく白目も使わなければ追い付かない。

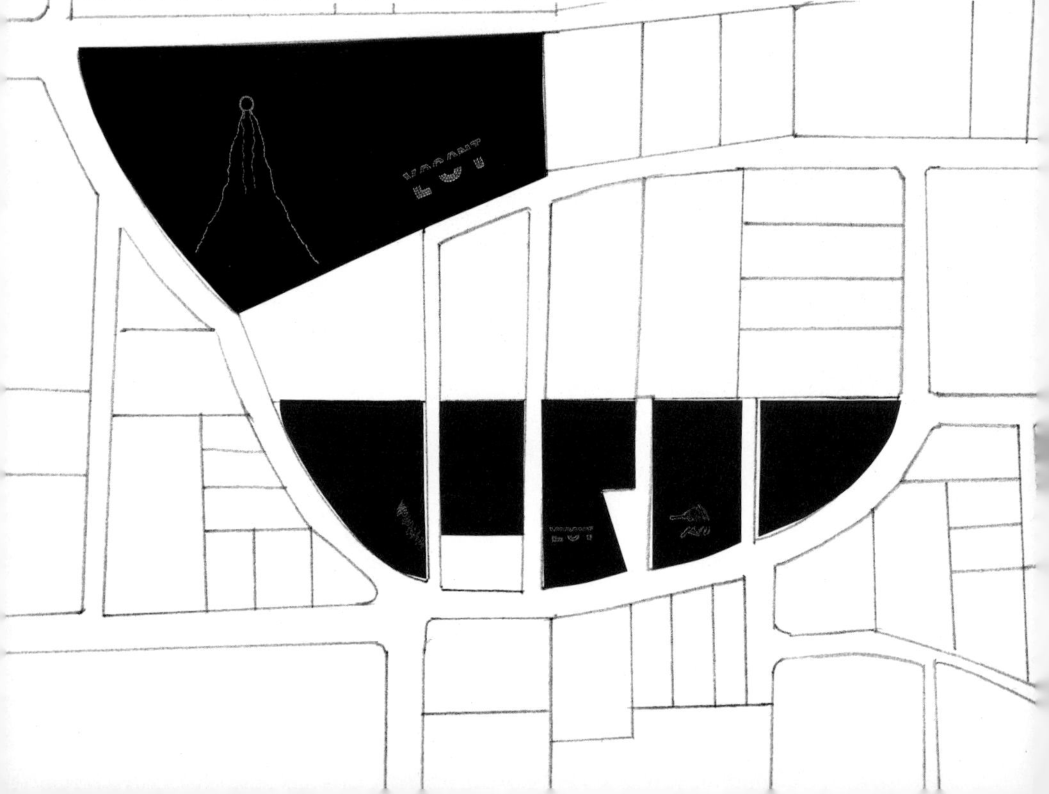

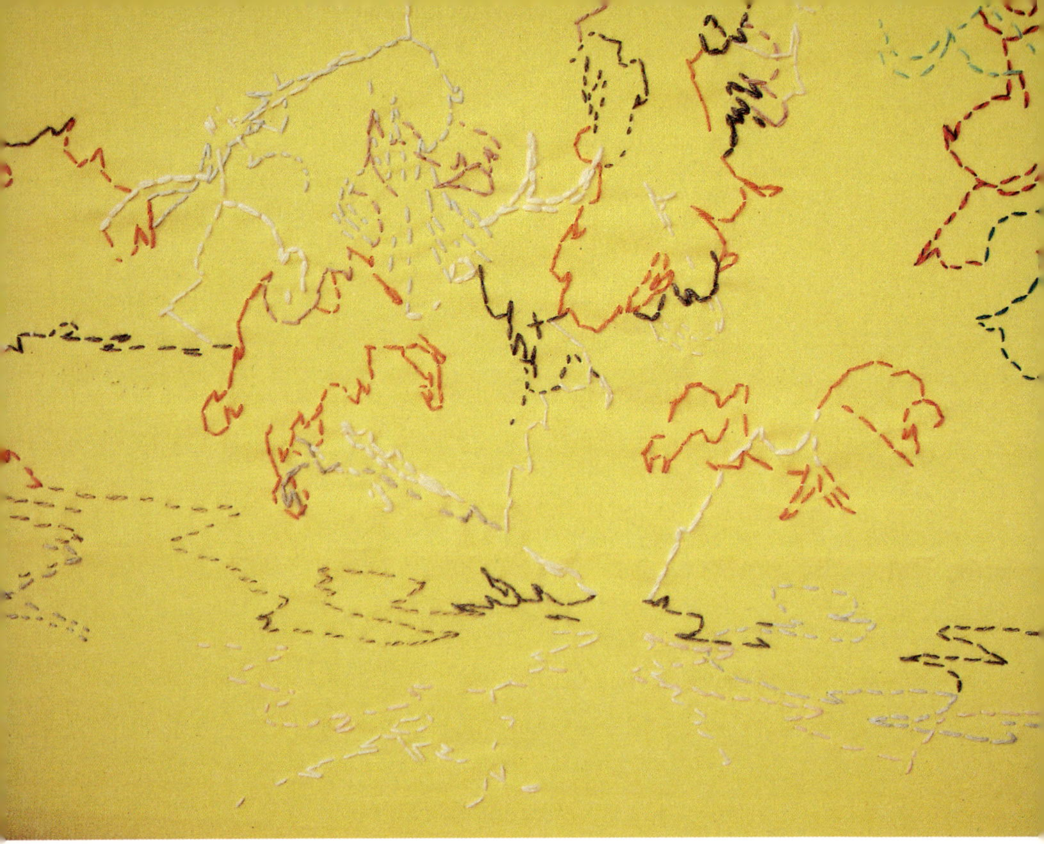

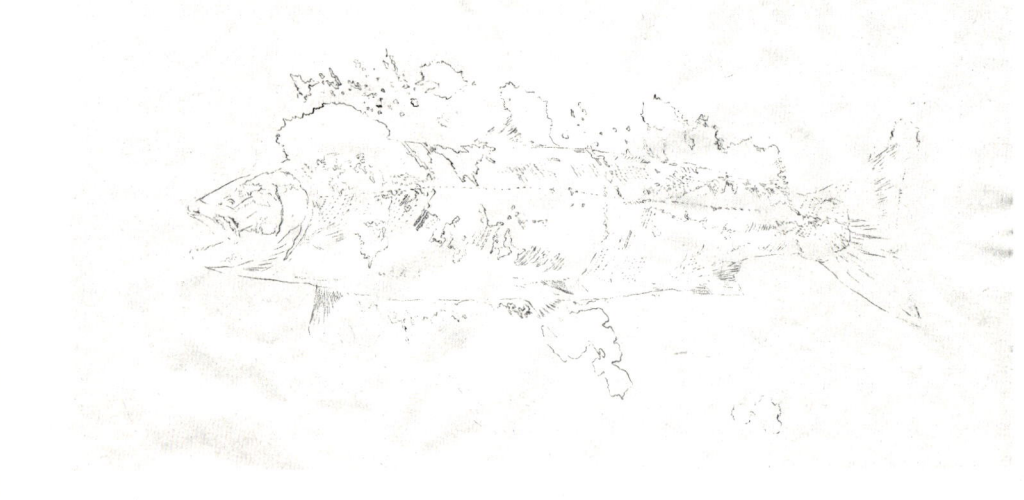

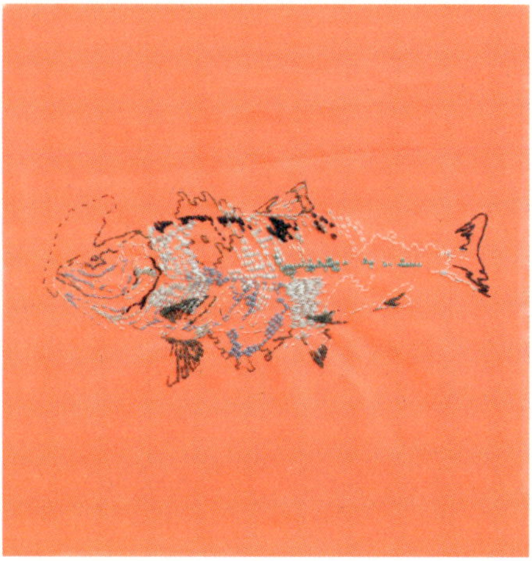

ニュー・タウン3

人は車を降りると鈍いけれど、死ぬとすみやかに灰になることになっている、火と衛生面の融合。カレーとうどんの融合はカレーうどん。ガソリンと電気の融合はハイブリッド・カー。ところで、僕のおじいさんは車の運転はしなかったがやはり、すみやかに灰になった。子供の頃は歩いて山を越えたり、蛾の幼虫の出す糸を撚りあわせて魚つりをするような昔だったという。今の人の僕には想像しがたいが、当時はそれが普通であったろうし、不便を感じようにも比較するものがまず無かったと思う。そのような宅急便もナイロンテグスも無い時代だが、海の向こうに棲息しているはずの、犬より大きい山猫を飼っているハイカラな人もいたらしいので、ちがう意味では凄まじい。とはいうものの、その頃、ひとだまは人だったものの数だけとぶことになっていて、僕のおじいさんもその光るものを見ていたという。すみやかに灰になることは、すばやい移動の発明に結びつき、別の次元も結んで良しとなるが、気分的には別々に楽しめるうどんと小丼のセットを選びたいところ。

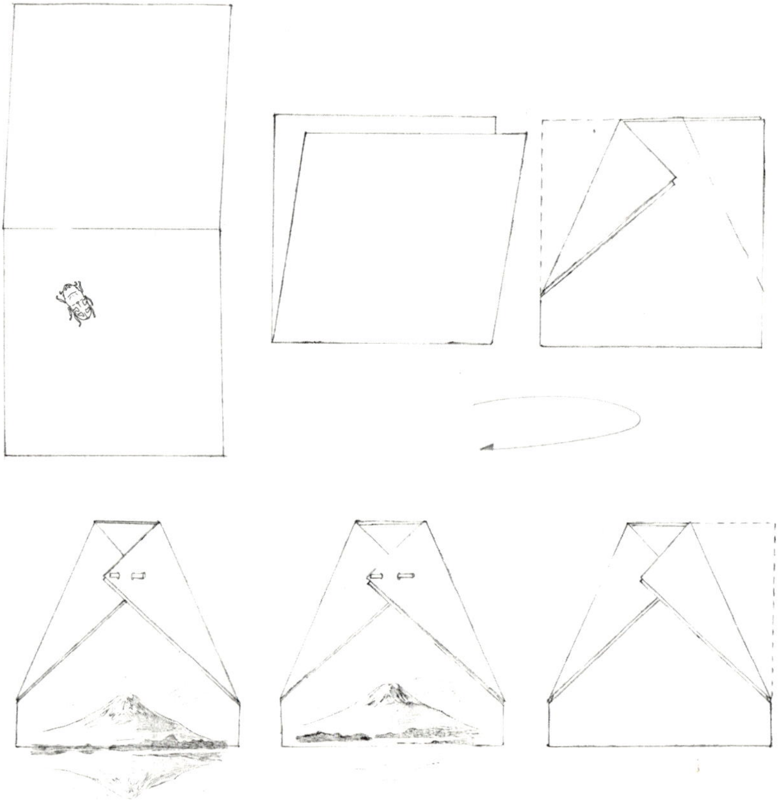

紙スコープ 二次元の作法

ヨツボシケシキスイ

クヌギの木に集まる姿が普通に見られるが、この虫は樹液を吸っているわけではない。信じがたい話だが、その名が示す通り景色を吸っている。ヨツボシケシキスイの吸った景色を見る方法があるので、教えてあげます。

イ　１週間ほど寝起きを共にし、じゅうぶんに意思疎通したヨツボシケシキスイを紙にはさみ、紙の両端を折り、爪楊枝などで口を閉じます。

ロ　紙に包まれたヨツボシケシキスイに向かい、声を出してその名前を呼びます。

ハ　上手くすると何らかの像が浮かびあがってきます。

こつをつかむとヨツボシケシキスイが居なくても何とかなります。この時には本末が不思議と転倒し、ヨツボシケシキスイの吸ったものではなく、あなたの吸ったものが見えるはずです。

(図：サラブレッドを吸ったのに駄馬が見えた例)

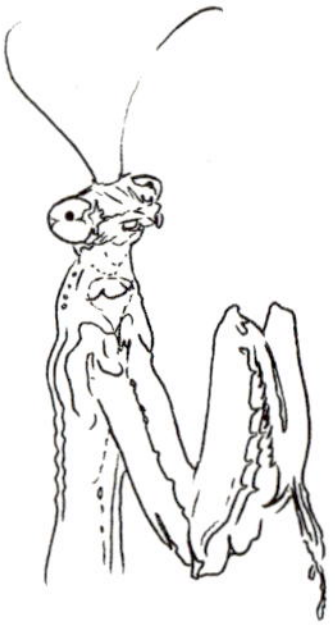

ニュー・タウン4

　酷な話。ゆっくりと減るはずであった兎は、土となり、兎とりの罠になる木を育てる夢も空しく、美しい道路のために撤去されていた。このことは、罠から逃れる知恵を兎から抜き取ることになり、兎兵法という人の言葉もついでに抜き取り、ブーム化するんだろう。一方、その道路わきの固められた壁に葛が弧を描き、車のすばやさを記録している。それが白目の景色になり、その弧が鏡面的に黒目に映り込み、兎を捕らえて円になる。その目を90°動かして、これはまだ一部を崩したままの斜面の森を見る。倒れた杉を追うと、倒れずに済んだ杉に繋がり、別の杉に繋がる杉の森になる。その横のクヌギに目をやると、杉の森がクヌギの森に数秒で変わるが、鹿も猿も両方にいる。

この感じは、緑をそろえるとそれ以外の色が入り交じった五面が出来てしまう色合わせのルービックキューブに似ている。決定の裏側が目に見えて空恐ろしいけれど、鹿も猿も両方にいるのだろうし、それを見えないというのも、かえって気味が悪い。というわけで、よくよく見ると鬱蒼と茂るニュー・タウンが見えてきた。こんなことを言ってる今、なにかにものすごく後頭部をどつかれたけれど、痛くない。

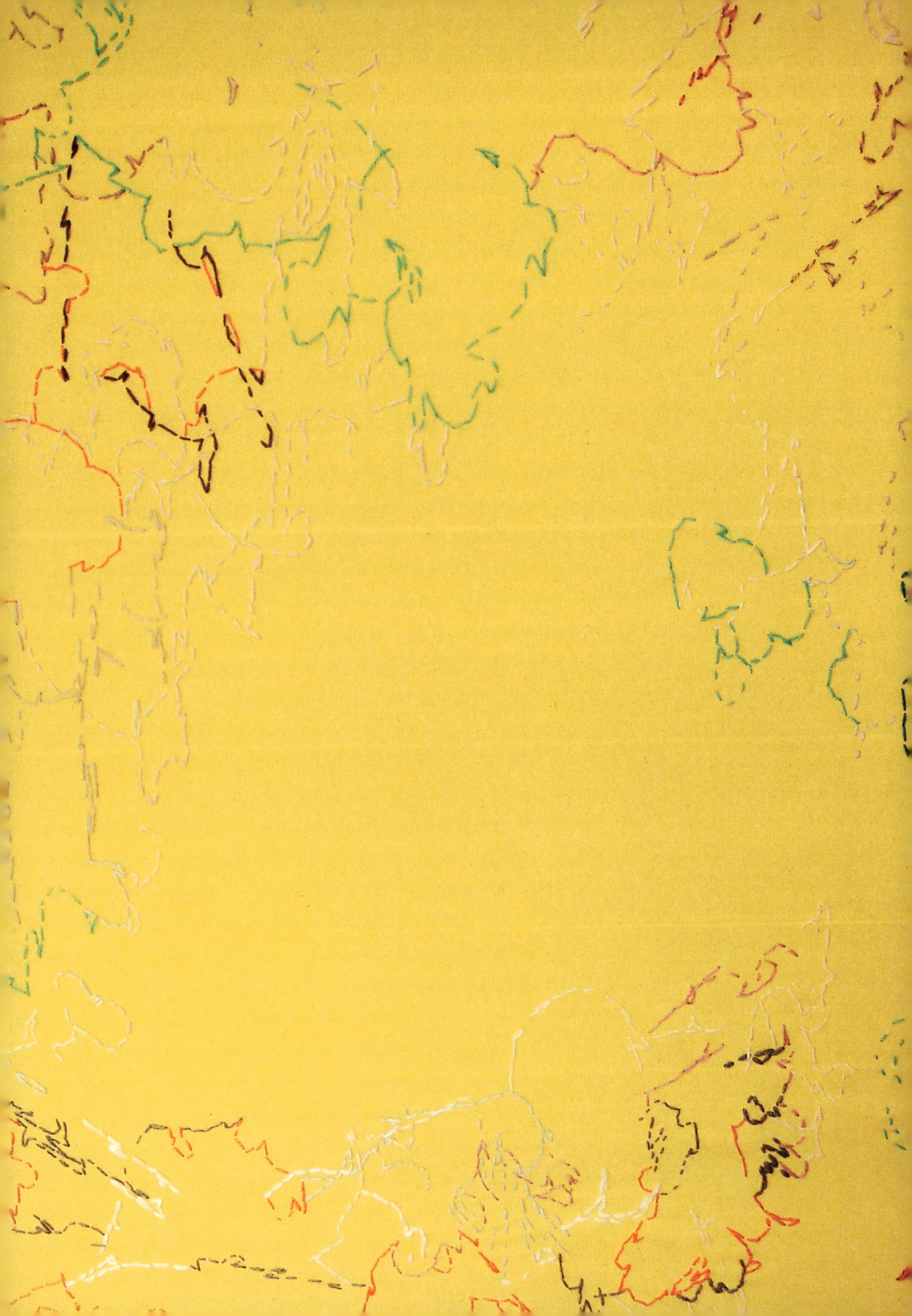

p016

用水路プレイ　*Irrigation Dich Play*

布に刺繍　150×90

2003

撮影　市川 靖

p022-023

Picnic　*Picnic*

布に刺繍　180×300

2001

p030

干柿（兄弟）　*Dried Persimmons*

布に刺繍　（各）145×90

2002

撮影　市川 靖

p034

向こうのつなぎ目　*Ther is a knot*

布に刺繍　58×131

2001

撮影　市川 靖

p047

近所の果て　*The End of The Neighborhood*

布に刺繍　115×85

2000

撮影　市川 靖

p049

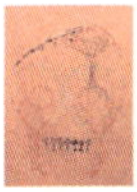

くぐりぬけ（髑髏）　*Passing Under -Skull*

布に刺繍　150×100

2002

撮影　市川 靖

p053

逆跳び—デッドボーイ　qɐǝ˥-*Dead Boy*

布に刺繍　90×150

2002

撮影　市川 靖

p055

すずしいあばら　*Airy rib*

布に刺繍　23×23

2003

撮影　市川 靖

p059

逆躍び—すずしいおなか　qɐǝ˥-*Cool inside*

布に刺繍　90×150

2002

撮影　市川 靖

p065

琵琶湖の鷲　*Migratory Eagle*

布に刺繍　50.5×60.5

2002

撮影　市川 靖

p082

クヌギ事件　*Pawtooth Oak Incident*

布に刺繍　110×120

2003

撮影　市川 靖

p099

逆跳び—上にある　qɐǝ˥-*Be Above*

布に刺繍　90×150

2002

撮影　市川 靖

p107

逆躍び―走馬灯　qɒɘ⅃-*Flash Back*
布に刺繍　90×150
2002
撮影　市川 靖

p108

側線ベルト　*Lateral Line Belt*
布に刺繍　180×270
2003
撮影　市川 靖

p113

空き地（いぬ）　*VACANT LOT (Dog)*
布に刺繍　150×215
2003

空き地（コケ）　*VACANT LOT (Moss)*
布に刺繍　100×130
2003

空き地（コウモリ）　*VACANT LOT (Bat)*
布に刺繍　95×174
2003
上3作品撮影　市川 靖

空き地　*VACANT LOT*
布に刺繍　170×578
2003
撮影　Cameron Wittig

※p112はこれらの作品の裏面です。

p115

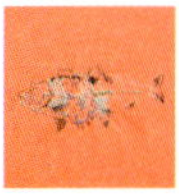

陸の魚　*Fish on a land*
布に刺繍　23×23
2005
撮影　市川 靖

p006-007	解説図	紙にペン	2006
p010	スケッチ	紙にペン	2006
p012	スケッチ	紙に鉛筆	2006
p014	紙相撲	紙に鉛筆	2006
p018-019	「草の骨」スケッチ	紙にペン	2005
p020	堰堤の写真	兵庫県赤穂にて	2000
	解説図	紙に水彩	2006
p022	天橋立のスケッチ	紙にペン	2001
p026	スケッチ	紙にペン	2006
p030	［下］干し柿	渋柿を加工	2006
p034	上下のスケッチ	紙にペン	2005
p038	「馬のつらなり」スケッチ	紙にボールペン	2005
p040	鹿の頭骨	［上］紙にペン	2005
		［中］紙に鉛筆	2005
		［下］布に刺繍	2006
p043	渓流の熊と人 スケッチ	紙にペン	2006
p044	「簡単な溯上」部分	紙にチャコペーパー、ステンシル	2001
p046	動物園のスケッチ	紙にペン	2006
p048	人キューブ	紙にペン	2006
p052,058,098,106	雲1～4	紙にカーボン	1999
p055	雲の写真	福井県小浜にて	2001
	スケッチ	紙にペン、色鉛筆	1996
p057	スケッチ	紙に鉛筆	2001
p060	動物美術写真	［a］京都市動物園にて	2006
		［b］京都府京北町にて	2006
		［c］京都市太秦にて	2005

p064	解説図	紙にボールペン	2006
p065	スケッチ	紙にペン	2004
p066	解説図	紙に水彩	2006
p070	Xの写真	[左]京都府日吉町にて	2001
		[中]京都市内、桂川にて	2002
		[右]京都市内、桂川にて	2002
p072	スケッチ	紙にペン	2006
p074-075	スケッチ	紙にペン	2006
p078	鹿の頭骨	ペーパークラフト	2005
p080	スケッチ2点	[上]紙にペン	2005
		[下]紙に色鉛筆	2003
p086-087	スケッチ	紙にペン	2006
p090-091	スケッチ	紙にペン	2006
p094	スケッチ	紙にペン	2006
p096	解説図	紙にペン、色鉛筆	1995
p100	写真	福井県美浜にて	2006
p105	スケッチ	紙に鉛筆	2003
p106	写真	福井県美浜にて	2006
p108-109	兎サイクル	紙にペン	2006
p111	解説図	紙にボールペン	2006
p112-113	町内図	紙にペン	2006
p114	スケッチ	紙にペン	2005
p115	川の内と外の写真	福井県小浜にて	2005
p116	スケッチ	紙にペン	2005
p118-119	解説図	紙にペン、色鉛筆	2006
p120	スケッチ3点	[左、中]紙にペン	2006
		[下]紙にカラーペン	2006

NEW TOWN

2006年8月28日　初版第一刷発行

著　者　　伊藤 存

デザイン　　sign

編　集　　大嶺洋子、田中祥子

アーティスト・コーディネイト　村次愛香

発行人　孫 家邦

発行所　株式会社リトルモア
151-0051　東京都渋谷区千駄ヶ谷3-56-6
tel. 03-3401-1042　fax. 03-3401-1052

印刷・製本　凸版印刷株式会社

©Zon Ito/Little More 2006 Printed in Japan

ISBN4-89815-180-9 C0072